授業づくりサポートBOOKS

授業づくりの知恵60

藤森裕治 著

明治図書

少し長いまえがき

本書を上梓した二〇一四年度、私は高校教師として勤めた年数と大学教員として勤めた年数とが重なりました。この間、全日制普通科高校、単位制定時制高校のそれぞれ国語科教師を経験し、大学教員になってからは学部、大学院の授業担当はもとより、各地の小・中学校の授業訪問を重ねてきました。自ら小・中学校の教壇に立つことも、毎年欠かさず行ってきました。二〇〇三年からは海外の学校を訪問して授業を参観するという経験が加わりました。訪問国は、イギリス、フランス、アメリカ合衆国、オーストラリアなどです。特にイギリスは二〇〇六年から毎年通い続けており、今年でのべ十回目となります。その中で、深いかかわりを持つ小学校については、本書で紹介します。

校種や国を越えて授業を経験すると、学びの場における違いの大きさに驚かされます。誰もが知るところの違いを挙げれば、日本では小学校は原則として学級担任が一人で全教科を担当するのに対し、中学高校では教科担任制をとっています。この点は欧米でも同様ですが、イギリスの小学校ではほとんどの場合、一つの学級にアシスタントの先生が最低一人はついています。フランスの小学校では、二年間に限って留年することが認められています。移民の多い国なので、留年して学力の基礎・基本を身につけることは、一種の権利とみなされています。それから、欧米の中等学校にはいわゆるホームルーム教室はありません。教室は教科の部屋として振り分けられ、理科や音楽と同様に、生徒が移動して授業を受ける形式になっています。

イギリスやオーストラリアの初等中等学校には日本のような「卒業」という概念がありません。卒業式という儀式が一般的に存在しないのです。また、欧米諸国に教科書検定制度はなく、教科書やワークブックは数ある出版物の中から学校が独自に購入します。そのため、年に何回か教科書フェアというイベントが開催され、数百の教科書出版社が巨大な体育館のような施設に集まり、ブースを設けて自社の出版物を宣伝します。教科書の購入だけではなく教員を雇うのも学校です。予算の使い道は、基本的に管理職が決めます。

授業の進め方も、校種や国によってさまざまです。日本の小学校では学級ごとにカリキュラムを設計するのが普通です。一組では豚を飼い、二組ではハムスターを飼って総合的な学びに生かすというのは、小学校ならではの風景です。これに対して中学や高校では、定期テストがある関係で、多くの学校が共通のカリキュラムを設けています。テスト問題まで共通という学校も少なくありません。そのため、教科書教材の進度を合わせたり、補助資料を一緒に作成したりします。平等と公平の点から見ればしかたありませんが、先生方や学級の個性に応じた学びはなかなかできません。この点は、例えばイギリスも同様です。イギリスの中等学校は、一般的に十二歳から十六歳までの子どもたちが通い、十六歳のときにGCSEと呼ばれる学力認定試験を受けます。この試験で得た成績によって、中等学校卒業相当という資格が与えられます。もちろん、その後の進路も決まってきます。

詳しい内容を聞いてびっくりしたのは、GCSE試験を実施するのが国から認可された民間団体だということです。試験団体の一部は教科書の出版社が経営しており、自分たちが実施する試験に準拠した教科書を売っています。例えばエデクセルという試験団体が実施するGCSE試験を取り入れている中等学校は、この試験団体を経営するピアソン社の教科書を使わないと困ることになります。

教室に黒板とチョークがある風景は、欧米各国ではほとんど見かけなくなりました。あるとき、イギリスの小学校で黒板にチョークの教室を見かけ、「この部屋は日本と同じですね」と歓声を上げたところ、担任から「いや、この学年ではビクトリア朝時代の暮らしを学ぶために、昔の教室風景を再現しているのです」と説明を受けました。黒板が消滅してどうなったかというと、電子黒板が導入されています。ICTの活用は、アメリカの最先端の学校を訪問すると信じられないレベルで進められています。ある学校では、学校システムそのものをデジタル化し、一人一人の子どもにおける学力や学び方の特徴を学校外にある巨大なコンピュータに集約し、過去のデータから最も効果的な教材と学習形態を割り出し、同じ授業時間に異なった教材と学び方（マンツーマン、小集団討議、講義など）を提供していました。教室は体育館のような広いスペースをなし、学び方に応じていくつかのブースに区切られています。そして、教室入り口の電光掲示板に個々の学習場所とメニューが、さながら空港の出発便リストのように表示されます。

一斉授業は、どの国でも行われます。ただし、その形態はさまざまです。私が定期的に訪問するイギリスのいくつかの小学校では、一斉授業として先生の話を聞くときは、机から離れます。電子黒板の脇に座っている先生のそばに皆が集まり、カーペット敷きの床にぺたんと座って話を聞き、質問に答えます。発言するときに手を挙げるルールは日本と変わりありませんが、人差し指をピンと立てます。教師がもっぱら話をするという風景は、中等学校の場合ですと洋の東西を問いません。ただし、教科内容を見ると、かなり違いのあることに気づきます。一番違うのは、欧米では、「国語」にあたる教科がいわゆる実用的な「国語」と文学との二つに分かれていることです。前者では、話すこと・聞くこと、書くこと、読むことなど、日本の国語科とおおむね似た教科内容で展開しますが、後者は、名だたる詩歌や小説、戯曲などをテキストとして、作品解釈と鑑賞が行われます。日本のように登場人物の気持ちを問う課題もありますが、フランスでは文学に内在する表現手法が中心的に扱われます。視点、話者、設定、レトリックなどです。イギリスも同様で、ある女子中等学校ではサスペンス小説をテキストにして読者を怖がらせる表現手法が学ばれていました。

さて、こうした違いを知る一方、校種や国を越えて普遍的に存在する要素に気づく機会もまた、少なくありませんでした。例えば、級友の話を静かに聴くことはすべての授業で大切にされています。ただしそれが実現している教室と、していない教室とがあることも世の常です。特に、学習障がいを持った子どもたちのいる学級や、荒れた地域の中学・高校では、静かな教室を維持することなど夢のまた夢という現実があることも、事実でした。私自身、そういう教室に絶望しかかった経験を有しています。

ところが、長くいろいろな教室を訪問しているうち、どういう環境でも、そこにいる子どもたちが人の話をきちんと聴く姿勢のできている学級が存在することを知ったのです。そしてそのような学級には、いくつかの共通点が存在することに気がついたのです。

その一つは、**教師がささやくように話す**という共通点です。私は最初、それは子どもたちが静かにしているからできるのだと思っていましたが、違うのです。胸が躍るような活動が指示され、いっとき騒然とする状況を呈しても、子どもたちに聴く力を育てている先生は、叫んだり怒鳴ったりしません。静かにカウントダウンするか、ときには独特なリズムの拍手をしたりもしますが、先生の発する声自体はきわめて穏やかです。ただ、子どもたちの人権をどこまでも尊重している印象を与えてくれる声で話す内容は、しばしば厳しいものがありました。例えばある小学校で話し合いを参観した折のこと、Aさん、Bさん、Cさんと順番に発言した後、先生から「今、話した三人に質問をどうぞ」という問いが示されました。自分の番になったら何を言おうかということで頭がいっぱいだった子どもたちは、すぐさま手を挙げることができません。すると先生は、穏やかな声でこうおっしゃったのです。

「誰も手が挙がらないのは、お友達の話が十分に分かったということですか？　それとも、三人の発言には興味がないということですか？」

あわてて手を挙げる子どもたちの顔には、彼ら自身が、人の話を聴くということをどれほど大切なことだと考えているかがはっきりと書かれていました。

こういう経験と発見は永年の教師経験を通して蓄積し、私の中で「授業づくりの知恵」としてたまっていきました。そうして、いつの頃からか、大学で国語科教師のための実践的な授業を進めているときや、先生方を対象にワークショップをしている場面などに、その知恵が口をついて出てしまうようになりました。学生たちは、それを私の「語録」としてノートに書き留め、実習の役に立てようとします。先生方でも、特に若い先生は「へー」という顔をしながら、「**同じ意見は違いを、違う意見は共通点を考える**」などと、資料の脇にメモしていいました。

こうして、教師になってから丸々三十年が経ちました。

三十年という時間を経て本書を上梓することにしたのは、何かの必然かもしれません。明治図書の林さんから出版のお誘いを受けてから脱稿するのに半年ほどかかりましたが、執筆の作業は楽しい時間でした。これを手にとって下さった皆さんに感謝します。そして、本書で示した知恵のいくつかが、皆さんの明日の授業に役立つのならば、そのとき私がこのなりわいに打ち込んできた意味が立証されることになります。

本書には全部で六十項目の「授業づくりの知恵」が掲載されています。私がどこかで耳にしたり、自分自身でことばにしたりしたものがごちゃごちゃになっています。ただし、すべて実際の授業場面で経験したことによって裏づけられています。基本は国語科の授業づくりをイメージしていますが、目次をご覧になると分かるように、さまざまな実践場面で活用できるはずです。読者の皆さんは、どのページからどのような順序で読んでも構いません。一応、「教師の話法」「言語活動」「評価」に分類しましたが、授業は全一的ないとなみなので、必ずしも厳密に分けたものではありません。特に、最後の【知恵60】は、実はどれにもあてはまりません。これは教師として生きることが苦しくなったときにあなた自身への評価言としてお読み下さい。六十の知恵は、すべて見開き二ページに収まっています。読み終わるのに長くとも五分ぐらいのはずです。一日一話というペースですと二か月かかりますが、半日かければ一日で読み終えることも可能です。どういうペースで読むか、これも読者の皆さんにお任せします。できれば同僚や友人と読み合い、「この知恵はいただきだね」とか、「この知恵はうちでは使えないね」などと批評するのもいいですね。そうして、読者の皆さんのオリジナルな知恵を書き足して下さい。

ページの割り付けは次のようになっています。

○見出し：授業づくりの知恵を、簡潔に覚えやすくキャッチフレーズのように記してあります。

○本文：四百字詰め原稿用紙にして三枚強の本文で、知恵の中身を解説しています。

○写真とイラスト：基本的に、本文にかかわりのある写真とイラストを添えてあります。

○授業づくりのポイント：知恵を実際に使っていくための心構えや方法を三つ提案しています。

本文中、児童・生徒・学生は、基本的に「子どもたち」と統一しています。二十歳近い学習者を呼ぶのにはふさわしくないかもしれませんが、知恵はすべての実践場面で参考になるものを目指していますので、あえて統一しました。また、本書で言及する言語、言葉遣い、文章、文、単語などの用語は、基本的には、「ことば」と一括してあります。

本文で使う個人名は、差し障りのない範囲内で実名にしてあります。ただし、子どもの名前等は仮名です。また、掲載した写真は、すべて掲載許可を得たものです。

目次

授業づくりの知恵60

教師の話法

言語活動

評価

授業づくりの知恵 60

「しなさい」ことばを「いざない」ことばに変える。

耳を澄まして！

小学二年生の学級で、話し合いの授業を参観していたときのこと。みんなが自由に意見を述べ合っている最中に、普段なかなか発言しない愛美が手を挙げました。愛美は立ち上がって話し始めましたが、みんなの関心は愛美に向かいません。そのとき、担任の宮島新先生（信州大学教育学部附属長野小学校）はこう言いました。

「みんな！　耳を澄まして！」

すると、それまで賑やかに意見を述べ合っていた教室は、水を打ったようにしーんとなり、瞳は宮島先生の方に集まったのです。「愛美さんのことばに耳を澄まして！」集まった瞳たちに宮島先生がこう働きかけると、その瞳は愛美に向かいました。愛美は、いくぶん緊張しながらも、きちんと自分の意見を述べることができました。愛美が話し終わると、宮島先生はこう重ねました。

「愛美さんの意見を聞いてどう思ったか、今度は自分の考えに耳を澄ましてみよう！」

「しなさい」から「いざない」へ

学級で共有した問いについて話し合う場面で、教師が心得るべき話法の知恵です。今誰かが話をしている。これから教師の指示や説明をする。こういうときに、学級が賑やかなままだと、「静かにしなさい、話を聴きなさい」と言ってしまいがちです。もちろん、こう言われてすぐに従う子たちであれば問題ありませんが、普通、出された問いに対して自分なりの情報があり、何か言いたくてたまらないときに、「静かにしなさい」と言われても簡単には従うことができません。自発的な行動にはそれなりのエネルギーがあって、先

授業づくりのポイント

・子どもを自分の思い通りに動かそうと焦らないこと。
・自分が子どもならどういう声がけで動くかを想像すること。
・自分も子どもと一緒になって動くこと。

生の指示に応じて態勢を変えるには、ブレーキが効くまでの時間がかかるのです。

ただし、このブレーキの効きが悪すぎると、今話している子をがっかりさせ、先生の計画を頓挫させてしまいます。そうなってしまいがちな一言が、全体に向けた禁止の命令発言（しなさいことば）なのです。「静かにしなさい」ということばは、先生の思い通りに授業が運ぶように、今子どもたちがしていることを禁止することばです。ここにはそうする目的も、次の行動も、肝心な「宛名」もありません。

これに対し、「耳を澄まして！」はどうでしょう。このことばは価値のある話が聞こえてくるから、一緒に注意を向けようという勧誘の発言（いざないことば）になっています。しかも、先生自らがそうするつもりでいることが大前提となっています。子どもたちは、**先生と共に愛美の話を聴く**ことになるのです。

子どもの立場で考える

しなさいことばは、相手を自分の思い通りに動かそうとするとき使うことばです。あまりにも多用すると、子どもたちは萎縮か無視のどちらかの反応を示すようになっていきます。

自分が子どもだったら、どういう声がけをしてもらうと先生の指示を受け容れられるか、心の片隅においておきましょう。あらゆる学びは、教師も子どもたちと共に考え、悩み、分かったと喜ぶ体験でありたいものです。「耳を澄まして！」「目を凝らして！」など、いざないことばをたくさん見つけて下さい。

一番学ばせたいことは尋ねるかたちで取り上げる。

すぐれた教師の技としての「質問」

私の尊敬する小学校教師に宮島卓朗先生（現在長野県教育委員会指導主事）がいます。宮島先生の授業は子どもたちが深く豊かに学ぶということで、かねてから地域の先生方の注目を集めていました。いったい、宮島先生のどこに授業づくりの知恵があるのか知りたくて、過去七年間撮りためた、宮島先生の授業記録映像を分析してみました。その結果、宮島先生は**最も学んでほしいことを質問のかたちで示している**ことを発見したのです。例えば、宮沢賢治の『注文の多い料理店』を読む授業（五年生）で、「紳士」たちの流した涙の意味が話題になりました。このとき宮島先生は、「紳士」たちの涙がきわめて自己中心的なものであり、そこに賢治の痛烈な文明批判があることを学んでほしいと考えていました。このねらいを実現するために、宮島先生はこんなふうに尋ねています。

「みんながこれまで読んできた賢治さんの作品の中で、登場人物が涙を流している物語って、あったっけ？」

この質問を皮切りに、子どもたちは『ツェねずみ』、『虔十公園林』、『雪渡り』などの作品を口々に指摘します。そして、賢治作品に描かれる登場人物の「涙」には、自己中心的な「冷たい涙」と愛に満ちた「温かい涙」とがあることに気づいていったのです。

願いを込めて尋ねる

「今何時ですか？」「二時です」「そうですね、よくできました」。日常生活では奇妙な会話ですが、教室ではごく普通に行われています。教師は子どもたちに学ばせたいことを質問のかたちにして発信し、その答えを聞いて評価します。このいとなみは知恵と言うほど

授業づくりのポイント

・この授業で最も学ばせたいことを質問文にしてみること。
・子どもたちとの対話の中に学びがあるのだと自覚すること。
・子どもたちが自分自身に尋ねるいとなみを大切にすること。

のことでもなく、教室でごく自然に行われているいとなみです。けれども、その単元で一番学ばせたい、言わば単元の根幹にかかわる課題や話題については、多くの場合、「～について考えよう」とか「～について調べてみよう」などのかけ声で、先生が自ら示していませんか。もちろん間違いではありませんが、私のようなへそ曲がりは、こういうかけ声を聞くと、どこか教師に統制された印象を持ってしまいます。

もとより宮島先生の質問も、子どもたちに自分の読書履歴を振り返るように促し、「涙」の意味を発見してほしいという統制的な意図が込められたものです。けれどもそれを尋ねるかたちで示したことによって、答え方も思考の広がりも深まりも、多様で状況的に展開します。授業は子どもたちの主体的な学びにひらかれ、教師も巻き込んだ対話の場が生まれていきます。

子どもも一番学びたいことを自らに尋ねる

賢治作品で描かれる「涙」に対照的な二つの意味があることに気づいた子どもたち。「私たちは『温かい涙』を流せるような人になるべきだ」という雰囲気が教室を包みました。そのときです、景子がこうつぶやきます。

「私には、（『温かい涙』も『冷たい涙』も）両方ある……」

美しい学びがひらかれた瞬間です。景子は、自分の中ではどんな「涙」が存在しているか、自らに尋ねたのです。こういう瞬間に出会うことが、教師というなりわいの幸せです。

評価　言語活動　教師の話法

3

まず数人に問いかけ、応答をしてから要点を示す。

後ろに目がある先生？

小学校二年生の教室でレオ・レオニの『スイミー』を読む授業を参観しました。授業者の小林弘実先生は教師になって十年目、授業では、「スイミー」の気持ちについて発言を求めていました。「はい！　はい！」とさかんに手を挙げる子どもたち。先生に指名されると、ワークシートにまとめておいた「スイミー」の気持ちを読み上げます。先生は、黒板に貼った模造紙に発言の要点を書き込み、誰の発言か分かるように名札を貼っていきます。その様子を参観していて、びっくりする場面を目撃しました。小林先生は、発言内容の要点を模造紙に書きながら、「悠介さんどうぞ」、「沙季さんどうぞ」と、子どもたちに背を向けたまま指名しているのです。もちろん、その子の発言中は面と向かいながら。

指名された子の発言内容は前のそれにかかわり、解釈に深まりや広がりを生むものでした。つまり、小林先生は、背中に届いた「はい！」の主を聴き分け、ワークシートに書かれた内容を踏まえながら指名していたのです。

私と共に授業を参観した大学生の高田さんは、自分も小林先生のようになりたいと言います。そこで、彼の教育実習を訪問し、意見発表の場面で子どもたちの声をどう扱っているか、観察してみました。指名した子どもの発言を聴いた高田さんは、ただちに黒板に向かうと、その子のことばをまるごと書こうとします。途中、何度も発言者に聞き返すので、教室の動きは止まったままです。板書が終わると、それ以上発言者と対話をするわけでもなく、「他に発表してくれる人いますか」と他の子どもたちの発言を求め、さっきと同じ作業の繰り返しです。結局、三人ほどの発言を黒板に書いて時間切れとなってしまいました。

授業づくりのポイント

- 子どもたちの発言を一対一対応ですぐに板書しないこと。
- 発言の要点や、いくつかの発言の論点・争点をとらえること。
- 子どもたちにも要点を把握する学びを促すこと。

すぐに板書しない

みんなが小林先生のようなスゴ技ができるとは限りませんが、高田さんのような失態を避ける知恵は誰でも自覚できます。**発言を聞いてすぐに板書しないこと**です。ある子どもが発言したら、「今の意見と似た考えの人、紹介してください」とか、「似ているけれど少し違うところのある人は?」などと問いかけ（指名してもいいです）、数人から発言を求めましょう。その際、ただ聴くのではなく「つまりこういうこと?」とか、「今の意見は○○ということばにまとめてもいいの?」などと応答し、発言のポイントを整理して下さい。その上で、おもむろに「今までのところをまとめます」と宣言して、発言の要点を簡潔に板書します。できれば論点や争点も書き添えて下さい。

グループ活動の司会者にも

口頭での意見交換は、聞き落としや誤解がつきものです。それによる学びのロスを防ぐためにも、ある発言について数人がかかわりを持つ学びは大切です。グループ学習などで、個人個人が自分の考えを述べ、それをただワークシートに書き込む姿をしばしば見かけます。誰かが発言したら数人がそれにかかわり、要するにどういうことが言いたいのか（要点）、それはテーマやこれまでの話題のどんな点にかかわるのか（論点）、その考えは肯定できるのか（争点）などに目を向けさせる活動を子どもたちにも経験させましょう。教師はその範を示します。

余談を用意しておく。

十年経っても記憶に刻まれる先生のことば……それは

学びにかかわるけれど、授業の本筋ではない、どちらかというと先生が個人的に見聞したり知識として蓄えていることがらについての話。これが「余談」です。社会人の方々を前に講演するとき、しばしば「いまだに忘れられない授業の思い出や先生のことばはありますか」と尋ねてみると、かなり多くの人がこう言います。

「授業中に先生がしてくれた余談が忘れられません」

私も高校時代、ある授業で先生から聴いた余談が今でも忘れられません。それは、太宰治が東大を受験したときのエピソードでした。答案用紙に向かって何も書き出さない津島修治（太宰の本名）に、試験官が事情を尋ねたら、自分は何も受験勉強をしていないとのこと、そこで、ではなぜ東大仏文科に入ろうとするのか、答案の裏に自分の思いを書くように指示したところ、驚嘆するような名文が綴られており、それで彼は合格を許されたという話でした。「でも君たちは決して真似をしないように」と最後に添えられて、午後の教室が沸いたものです。残念なのは、なんの授業だったか覚えていないことです（笑）。

余談の三大機能

余談は、授業を和やかにさせたり、学ぶべきことを印象づけたり、さまざまな機能を持っています。ここではその代表的な三つの機能を紹介しておきます。

【伏線機能】 授業の前半などに、「突然ですが」という切り出しで授業とは直接かかわりのなさそうな話題を紹介します。実はその話題には深い意味が秘められていて、授業の終盤でそれがつまびらかになるというタイプです。私の場合、小論文を書く言語活動を始める

授業づくりのポイント

- 日頃から知的関心を高めるような話題を集めておくこと。
- その余談が授業にどのような貢献をするか把握しておくこと。
- ユーモアの精神を忘れないこと。

際の余談として、今日の朝食で何を食べたかという話題を出します。いきなりサンドイッチを取り出し、一番美味しいコンビニはどこかという話をします。これが授業の後半では、その名もサンドイッチ法という小論文作成術の話に結実するのです。

【休憩機能】授業のまっただ中で、少し疲れが見えてきたり、話題に一区切りを打ちたいとき、気持ちをリフレッシュする目的で示します。これが余談の王道ですので詳しくは解説しません。ただし脱線的な余談は、太宰の話がそうであるように、脱線しすぎるともとの学びがなんだったのか分からなくなるので注意して下さい。

【余韻機能】授業の終盤で、学んだことをかみしめたり、新しい問いへとつなげたりする際に提示する余談です。例えば小学六年生のある学級では、「主人公は幸せな気持ちになったか」という話題で物語を読み合い、最終的に「主人公の思いは複雑で、同じ体験に幸せな面と幸せではない面とがある」という結論に至りました。単元の終末、担任の関口先生はこんな話を切り出しました。

「ところで、最近、『幸』という漢字で面白いことに気づいたんですよ。この漢字をよーく見て下さい」

子どもたちは、黒板に書かれた「幸」の字をじっと見つめています。やがて、ある子がこう言いました。

「『幸』という漢字の中には『辛い』という字があります！」

「あー、ほんとだ！」感嘆のため息がもれました。この学級では、これが小学校で読む最後の物語の授業となりました。

5

声の高さを半音上げ、文末をはっきりと話す。

聴き取りやすい声とは

　例えば文字の色やかたち、声の大きさや高さなど、ことばにかかわるけれど「ことば」そのものではない伝達要素をパラ・ランゲージと言います。目線や身振り・手振りのようなノンバーバル・ランゲージとあわせ、対面コミュニケーションで伝わるメッセージの八割以上、ときには九割を、記号としてのことば以外の伝達要素が担っていると言われています。これらのうち、授業をする上で特に重要なものは、発声と発音です。なぜなら、授業における学びは、大半が声に乗ってやりとりされるからです。

　私は喉が丈夫でなく、昼過ぎになると喉がいがらっぽくなって困っていました。改善しようと、授業を録音して自分の声をチェックし、授業前に発声練習をしたり、お昼はごく軽くすませたり（血液が消化器官に使われすぎないように）していました。

　そんなある日、同僚から「先生は、**もう半音ほど声の高さを上げてみてはどうですか。その方が喉が疲れませんし聴き取りやすい**ですよ」と言われたのです。それ以来、授業に限らず、講演やテレビの番組収録（写真・ＮＨＫ教育テレビ高校講座「国語表現」）の折などにも、人前で話すときには意識して少し高めに発声するようにしています。すると、声帯に余計な負荷がかからなくなったおかげか「鰯の頭も信心」からか、長い時間講義をしていても、喉に違和感が出なくなりました。子どもたちからは、「先生の声は聴き取りやすいです」とも言われるようになりました。高めの音で声を出し始めるため、話の文末部分で、若い男性俳優によく見られる息が抜けるような声にはならなくなったのです。

授業づくりのポイント

・まずは自分の声を録音して、発声・発音の特徴を知ること。
・声量よりも音の高さで伝わりやすさを工夫すること。
・文末にこそメッセージの核心があると自覚すること。

大きな声より伝わる声で

子どもの声が小さくてよく聞こえないとき、しばしば「もっと大きな声で」と言いがちです。しかし、大きな声を出そうにも出せない子どもには酷な話です。同じことは先生にも言えるわけで、無理して大声を出し続けると、喉を潰してしまいます。

電化製品のアラーム音や鈴の音は、かすかな音量でも私たちの耳によく届きます。音量と同時に、**伝わりやすい波長の音がある**のです。このことを意識しましょう。

メッセージの中心は文末の語句にある

あることがらについて話し手が伝えようとするメッセージは、日本語の場合、文末部分の語句が担います。文末には助詞や助動詞など「付属語」と呼ばれる語句が配置されており、話し手の感情や相手への働きかけ（モダリティ）、動作や行為がどういう状況にあるのか（アスペクト）などを表します。

例えば「問題用紙を見る」という行為について、教師があるメッセージを伝える場合、必要に応じて「問題用紙を見ないように」とか「問題用紙を見なさい」とか「問題用紙を見ていますか」などと文末表現を使い分けます。文末がはっきり伝わらないと、子どもたちは「問題用紙」をどうすればいいか分かりません。その意味で、*文末の語句は「付属語」どころか本文の中心語句なのです。

＊時枝誠記やサールといった言語学者は、これを「辞」とか「述定表現」と呼んでいます。

全体に伝えるべき話は個に向けて。個に伝えるべき話は全体に向けて。

子どもの私語がやまない教室で

私が初めて教壇に立った学校は、東京郊外の全日制普通科高校でした。子どもたちは素直で明るい子たちでした。ただ、三年生とは五歳ほどしか違わないので、それこそ新米教師としての洗礼をたっぷりと浴びました。わけても辛かった洗礼は、私語がやまない学級で進める授業です。こちらが説明をしているのに授業とは関係のないおしゃべりがやまず、中には立ち歩く者さえいる。こういう場所で授業をするのは厳しいものです。

ある日、教頭の澁谷幸敏先生にこの悩みを打ち明けました。すると、澁谷先生はにこにこしながらこんなアドバイスを下さったのです。

「教室が騒然としていて、これでは授業にならないと感じられる場合でも、まなざしを教師に向けている子どもは必ずいるものです。このようなとき、あなたはその子の眼を見て静かに話しなさい。……対話的実践とは、そういうものです」

半信半疑で実践してみました。確かに、四十人も教室にいれば、何人かは私の方を見ているものです。私語を止めない子どもたちは「今、必要があってそうしているのだ」とあきらめ、私をじっと見つめている稚広の瞳と語り合うように授業を始めました。

それから十数分後のことです。気がつくと、子どもの私語がやんでいるのです。全員が、私の話に耳を傾けています。不思議な出来事でした。稚広と私の間に渡されたことばの架け橋が、いつの間にか他の子どもとの間にもかかっていたのです。以来、私は、どんなに大勢の人が集まる会場でも、必ずこちらに誠実なまなざしを向けて下さる方々を見つけて、まずはその方々と話すようにしています。二千人ぐらいまでなら、効果てきめんです。

授業づくりのポイント

- 教師を見つめるまなざしと向かい合うようにすること。
- 人に向けて話すことばには「宛名」があると自覚すること。
- 個人に直接伝えにくいメッセージは一般論として話すこと。

宛名を持ったことば

なぜ、全体に伝える話なのに個に向けて話す方が注目を引きやすいのか。答えは簡単です。人は、**自分という「宛名」に届けられていると認知したとき、その声に耳を傾ける**ようになっているからです。逆に、相手から届く話がどんなに価値あるものでも、自分に届けられている感じがしなければ、耳を貸す気にならないのです。その点では私語をする子どもも、静かにはしているが話を聴いていない子どもも同じことです。

稚広に向けて話し続けた私のことばは、他の子どもたちにも自分に宛てて語られているような気持ちを生じさせたに違いありません。この気持ちが教室に行き渡って凛とした緊張感が生まれ、こちらの話が彼らに浸透していく感触はたまりません。こうなったら、後はたくさんのまなざしを渡りながら、ことばを届け合えばよいのです。

言いにくい個へのメッセージは全体に向ける

全体に伝えるべき話は個に――。これと対の関係にあたる知恵は「個に伝えるべき話は全体に向けて」です。担任や顧問をしていると、直接本人に向けて言うには差し障りのあるメッセージが時折生まれます。こういうメッセージは「宛名」がはっきりしていますから、むしろ全体に向けた一般論として述べた方が穏やかに伝わることが多いのです。もちろんこれには個人の性格や人間関係がからみますから、定式化はできません。それでも舌禍は免れることができます。

むやみに子どもに謝らない。

関係の逆転

愛犬が飼い主の指示に従わなくなってしまうトラブルを耳にすることがあります。飼い主が愛犬をかわいがる余り、犬の言いなりに餌やりや散歩を続けていると、犬は自分の方が人間より上の立場だと思い込んでしまい、以後、「目下の者」である飼い主の指示に従わなくなるばかりか、あれこれと要求（犬にしてみれば当主としての指示）さえするようになるというものです。これを矯正するには専門のトレーナーが必要だと聞きました。

教師と子どもたちとの関係を犬の話になぞらえるのは不穏当ですが、管理者―被教育者という立場を教師自ら壊してしまうような言動を予防する意味でお読み下さい。すなわち、子どもかわいさによかれと思ってする行為が、基本的に維持しなければならない学級組織の秩序を崩壊させてしまう愚を犯さないようにという箴言です。

もとより、誰の目から見ても子どもにおもねっていると判断される言動は、教師もおいそれとは選びませんからここでは問題としません。問題となるのは、口癖のような、**何気ないレベルで子どもたちとの関係を適切に維持できなくすることばの存在**です。その中でも私がいろいろな教室で耳にするのが、「ごめんね」の連発です。「ごめんね」の語源である「御免下さい」とは、お呼び立てする失礼をお許し下さいという意味です。呼び出される相手はこのことばを発する本人と同等以上の立場でなければおかしなことになります。

「ごめんね」を連発する要因

「ごめんねノート出して」、「ごめんねグループになって」、「ごめんね用紙に名前書いて」、「ごめんね黒板消すからね」、「ごめんね制限時間二分！　厳守！」……。何かするたびに

授業づくりのポイント

- 教師は管理責任者であるという責任と自覚を忘れないこと。
- 自分の口癖に気になるものはないかチェックすること。
- 子どものために厳格なことば遣いも身につけること。

「ごめんね」が連発される授業。なぜ「ごめんね」が口癖になってしまうのでしょうか。想定される要因を挙げてみます。

①自分の落ち度や未熟さを予め自覚していますという**言い訳**が癖になった。

②子どもたちの**機嫌を損ねないように**しようという態度が常態化した。

③「すみません」と同様に、**呼びかけや注目を求める用語**として使っている。

①や②は、新人教師の授業でよく耳にする「ごめんね」です。これに対して③は、ある程度の経験者であるにもかかわらず、このことばが連発される場合の要因です。これが身につくと、なかなか「ごめんね」病から抜け出せません。そうならないように、自分の授業をビデオに撮るなどしてチェックしておきましょう。

「ありがとう」も同類

近頃は、「ごめんね」ではなく、**子どもに発言させて「ありがとう」を連発する授業**もしばしば見かけるようになりました。教師の求めに応じて発言したことへのお礼など無意味です。これも「ごめんね」同様、むやみに口にすべきではありません。耳にやさしいことばばかりでは安全管理者としての教師の責任が果たせないと自覚しておきましょう。禁止すべきことなどは、威厳をもって「～してはいけません」と言える力を身につけて下さい。「ごめんね」を口癖にして差し支えないのは（むしろすべき?）、校長ぐらいの年齢からです。

長い説明を要するものは一言に。一言で説明できるものは詳細に。

記憶に残るキャッチフレーズを

二〇一一年から二年間、「子どもの読書活動と人材育成に関する調査研究」（青少年教育振興機構）にかかわり、五千人以上の成人を対象にして、子どもの頃の読書活動が成人の現在にどんな影響を与えているか、いろいろな角度から調べてみました。統計分析をしてみた結果、成人が自分に抱いている自尊感情や自己肯定感などの意識は、現在の収入がどれだけ多いかということよりも、子どもの頃どれだけ読書活動を充実していたと記憶しているかに大きく影響されることが示唆されました。興味深い結果ですが、どういう手続きでこの結果が得られたのか、丁寧に説明すると一時間ではたりません。相手が研究者ならともかく、一般市民や学生を相手にした説明会では、わかりやすく惹きつける工夫が必要です。そこで、こんなキャッチフレーズをひねり出しました。

「大人の自信は　カネより本」

まずこのキャッチフレーズを唱和してもらいます。その後で、どういうことなのか図表を用いて説明します。聴き手は最初の一言で話の要点を把握でき、しかも忘れません。

長い説明を要することがらは、**要するに何を把握させればよいのか見極めておきます。**標語のように七五調でまとめると、定着率が格段によくなります。例えば身の回りの本や雑誌、書類などの片づけを上手にするにはどうすればよいか説明するとしましょう。このとき、雑誌はどうする、プリントはこうする、本はああするなどと説明しても、聴き手は把握しきれません。これを一言で表現するためには、「本質的にどういう原理があるか」という視点で問題をとらえる力が求められます。私ならこんなキャッチフレーズにします。

授業づくりのポイント

- 長い説明を要するものは、その要点や本質をとらえること。
- 要点や本質は標語のようにリズミカルに表すこと。
- 見慣れたことばは「？」を重ねて詳述する訓練をすること。

「本や雑誌は　重ねない」

紙類はどうなると片づかないかという長年の経験から編み出した知恵です。

周知のことばを詳しく問うてみる

前述の件とは反対に、誰もが用いていて詳しく説明する余地のないことばは、必要に応じてなるべく詳しく説明する試みも重要です。例えば、子どもたちに相互評価を求めると、「すごい」とか「よかった」といった一語感想がよく見られます。こういう場合、一語感想を詳しく説明させせましょう。どういう事実が「すごい」のか？　なぜその事実が「すごい」のか？　「すごい」を言い換えればどういう表現になるのか？　自分はその「すごい」から何を学んだのか？　他の人の「すごい」もこれと同じなのか？……などと尋ねて下さい。こうすることで、わかったつもりのことばが改めて問い直され、一言では伝えきれなかった意味がはっきりとしてくるでしょう。

日頃は意味など気にも留めずに使っている一言を、改めて詳しく説明しようとすると、案外やっかいなものです。例えば「右」や「南」はどう説明したらいいでしょうか。あるいは「楽しい」と「面白い」、「地上」と「陸上」、「体験」と「経験」はどう使い分けているのでしょうか。こういう点に敏感であることが、教師の話法によい緊張感を与えてくれます。暇を見つけて語彙ノートを作成しておきましょう。

子どもの発言には リヴォイシングとフォローアップで。

「他に……」はタブー

高校教師時代、いろいろな苦い経験をしてきました。その一つが「あなたの授業は気分が悪くなる」事件です。詳しくは【知恵59】で述べています。この事件で私が痛感したタブー、それが「他に?」という一言の恐ろしさです。私は子どもたちに自由な発言を求めておきながら、意に沿わない発言だと「他に?」ということばを口にして、文字通り「他」の発言を促していたのです。そういう姿に気づかない教師を見て、いたたまれなくなった一人の女の子が教室を出て行ってしまいました。そのとき彼女が発したことば、それが「あなたの授業は気分が悪くなる」だったのです。良薬は確かに苦いものだと、今はありがたい経験です。

「他に」とは他の発言を求めることばであり、それ自体に不適切な意味はありません。けれども、教師が子どもたちと対話しているときに使うと、きわめて否定的に作用することばに化けます。自分が発言した直後、「他に?」と言われた子どもの一部は、**せっかく勇気を出して発言したのに無視されたという感覚**を覚えます。思春期を過ぎた子どもなら、二度と発言するものかと、恨みに思う人も現れます。率直に「君の発言内容は、私が求めているのとは違います」と言う方が、はるかに健全な対話的関係を結びます。

子どものことばを受け止めるリヴォイシング

それではどうすればうっかり「他に」と言わずにすむでしょうか。ここで役に立つのが、教育方法学における二つの用語です。

一つはリヴォイシング（revoicing）と言います。子どもが発言したら、そのことばを

授業づくりのポイント

・子どもに対する教師のことばは評価がからむと自覚すること。
・子どものことばを「他に……」と流さないこと。
・子どものことばはことばで受け止め、つなげていくこと。

受け止めたという意思表示にあたることばを教師が声に出してやることです。その際、子どもの発言がいいとか悪いとか、査定するような表現は謹んで下さい。「君はこういうことが言いたいんだね」という受け止めが肝心です。子どもたちは、自分の言いたいことがきちんと聴いてもらえている感覚を覚えることで、人前で発言することに自信を持ちます。間違った読みやことば遣いを、リヴォイシングでさりげなく言い換えてやると、子どもに自分の誤りを自然に気づかせることもできます。

子どものことばをつなぐフォローアップ

もう一つはフォローアップ（follow-up）です。子どものことばをぶつ切りにしないで、次の子どものことばへと学びのリレーをつなげていくことです。人間は深く考えた内容を語るときほど、ことばがうまく出てこなかったり話の筋が混乱したりしがちです。そういうときこそ、その子が何を考えているのか、何を伝えようとしているのか考えながら、ことばをつないで下さい。

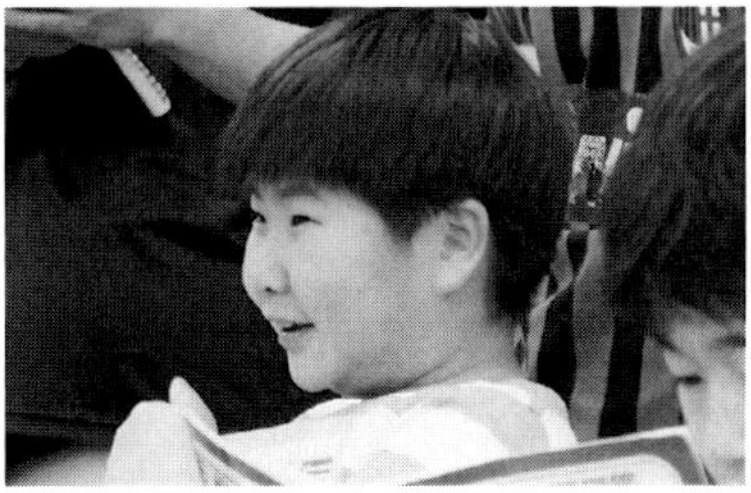

「つまり、こういうことかな?」
「○○というところまでは分かった。それから?」
「今の○○さんと似た考えの人、いるよね?」

一人の発言が次のことば、すなわち学びへと連鎖するように心がけます。このようなことばが、教師と子どもたちとの協働による教室コミュニケーションを創造していきます。

導入時の問いかけは一言で答えられるものにする。

あいまいな問いかけで停滞する教室

経験の浅い教師は、単元の学習課題が漠然としていることが珍しくありません。物語や小説を読むときに示される「登場人物の気持ちを考えよう」といったフレーズはその典型です。この手の課題と同様、こんな問いかけもしばしば耳にします。

「主人公の『メロス』はどんな人ですか?」

「『大造じいさんとガン』を読んで、どう思いましたか?」

定期テストでは「傍線部A……とはどういうことか」という問題をよく見かけます。

教師としては、これらの質問や設問にどう答えてほしいかというねらいを持っています。だから、右の問いかけに対して「最後に裸になった人です」とか、「ガンを食ってみたい」とは（普通）答えてほしくありません。また、右のテスト問題の答えとして、傍線部のことばを書き抜き、「……ということ」としてもいいはずですが、もちろん×です。

かくして子どもたちは「どんな」ことを「どう」答えたらいいか分からなくなります。

イエス・ノーで答えられる質問から会話がひらかれる

子どもへの問いかけを適切に行うにはどう語りかけるのがよいか。その方法を知りたくなって、国語教科書の教材にある質問形式の文を全部抜き出してみました。すると、興味深いことが分かりました。学年が上がるにつれて増えてくる質問文で、より複雑な内容が含まれるものは、「AはBだと思いますか?」とか「あなたはCについてD・E・Fのどの立場をとりますか?」といった形になっているのです。これらの問いかけに対して、聴き手はとりあえずイエス・ノーや選択肢で答えることになります。それだけのことなら単

授業づくりのポイント

- 子どもが答えに戸惑う問いかけを避けること。
- イエス・ノーや選択肢で答える形式の質問から始めること。
- 問う前に、子どもや教材のことをよく知っておくこと。

純な問答ですが、当然ながら、この答えの後には「なぜそう思うのか？」という問いが待っています。多くの場合、尋ねられた側がそれを察知し、「いいえ。私は〇〇です。なぜなら……」と、言葉を継いでくれます。最初の問いかけが一言で答えられる形式になっていると、相手は必ず口を開くことになるのです。

インタビューの極意は相手を知ってから問いかけること

すぐれたインタビュアーは、例外なく、尋ねる内容に関連して、相手のことをよく調べてあります。これがないままインタビューを行うと、「今、どんなお気持ちですか」、「あなたにとって〇〇とはどういうものですか」などといった答えにくい問いになってしまいます。イギリスの学校に出かけて聴き取り調査をして十年近く経ちますが、初めの頃は「ハウ　アバウト　チルドレン　イン　ユア　スクール？」などと、先方が答えにくい質問をしたものでした。相手についての情報をきちんと手に入れていないのもさることながら、どのように問えばよいかが分からなかったのです。

　一言で答えられる豊かな問いかけを生むためには、教材や子どもたちのことをよく知らねばなりません。**問いかけの前に、対象をよく知ること**を心がけましょう。相手のことを知れば知るほど、質問の最初はシンプルなイエス・ノー型になるのです。

うるさい教室ではささやき声で。

騒然とした教室

各地の学校を訪問していると、小学校低学年や一部の中学・高校の教室などで、教師の声をかき消してしまうほど騒然とした授業を見かけることがあります。授業者の先生は、なんとかして子どもたちに自分の声を届け、計画した通りに進めようとしますが、その思いとは裏腹に、教室で交わされる声のボリュームは下がりません。全体に向けて発する声が通らないのでは授業の進行に支障をきたします。静かに考えたりものを書いたりしたい子どもにとっては不快な教室環境です。

騒然とした教室で、先生も「静かにしなさい」と叫んでいる場面を数多く目撃します。けれどもこれは、力で相手を封じ込めようとする行為と同じです。逆効果です。怖いのは、威圧的な声で静かにさせる行為を重ねた結果、今度は何を語りかけても無反応な教室になってしまうことです。こうなると、授業は崩壊します。無秩序に騒いでいるように感じられる授業でも、よく注意して観察していると、授業に関連する話題でにぎやかにおしゃべりをしている者もおり、ただ静かにさせるだけではもったいない場合も少なくありません。ましてや、うるさい子どもたちを憎んだら終わりです。

静まるルールを決める

騒然としている場面で全体を落ち着かせる場合、声を張り上げるよりも拍手やチャイムなどを用いる方がずっと効果的です。イギリスの小学校で観た例ですが、先生が「パン！　パン！　パパパン！」と拍手をすると、子どもたちが「パパパパッ！　パパン！」と返して現在の活動を中断するルールが共有されていました。少し難しいリズムであることがミ

授業づくりのポイント

- 騒然としている集団を大きな声で静まらせないこと。
- 拍手やチャイムなどで集中するルールを作ること。
- 大切なことほどささやくような声で伝えること。

ソです。子どもたちはこの拍手を返すのが面白いらしくて、見事に静かになります。ちなみに、私も日本の教室やワークショップでこれを真似しています。この他、静かにさせるのに10・9・8…とカウントダウンをしたり、アラームやベルの音を用いたりする教室を見かけます。これらは社会的なルールをもった媒体としての「音」なのです。

ささやく声で大切な話をする

いったん、自分の声が届く状況が生まれたら、【知恵6】で述べたように、自分のところにまなざしを向けてくれている特定の子と目を合わせながら、ささやくような声で話します。大切な内容ほど、より静かに、間を取って話して下さい。

私の友人の若林惠実子先生（長野市立東条小学校）は、小学四年生の教室で、にこにこしながら、本当に聞こえないほどかすかな声で大切なことを話します。子どもたちは耳をそばだて、一言も聴き漏らすまいとします。

少なからぬ教室では、一度静まっても、じきにもとの騒然とした状態に戻りがちです。少し過激なことを言いますが、そういう教室であればなおさら、大切なことはささやき声で伝えて下さい。**大切な場面できちんと聴かないと損をするという経験**をさせて下さい。精神的に未熟な教室では、やさしく丁寧なことばと声を用いて、社会的には決して甘やかさない姿勢が必要なのです。

12

一度口にして実行したルールは守る。

深夜の無言電話

生徒指導の厳しい、ある高等学校での話です。修学旅行で利用したバス会社から、九組の生徒が乗ったバスの車内灯のガラス玉がいくつか見当たらないという連絡がきました。その日代休を取っていた引率教員の中で、たまたま出勤していた八組の担任が九組の教室に行き、「ほんの出来心だと思う。素直に謝って返せばそれでいいのだから、申し出るように」と諭しました。すぐに、五人の生徒が「旅の記念にしたくて自分たちが盗りました。ごめんなさい」と名乗り出てきました。指導にあたった教師は、お詫びの手紙を書かせて現品と一緒に先方に送り、後は穏やかに説諭してすませれば十分だと考えていました。

ところが、翌日の学年会でこの件が大問題になりました。名乗り出た生徒の一人をかねてから問題視していたある先生が「あんたのやり方は手ぬるい」と批判し、謹慎処分にすべきだと言い張ったのです。こういうとき、職場では声の大きい人の主張が優先されがちです。結局、五人には一週間の謹慎と校長説諭という処分が言い渡されました。

それから半年間、八組の担任は深夜の無言電話に悩まされることになります。もちろん、右の出来事がきっかけに違いありません。五人の誰か、あるいは彼らの友人がかけてきたのだろうと思われます。「ちゃんと言われた通り素直に謝って返したのに、謹慎処分をするという裏切りが許せない」という思いは、手前勝手な論理ではあります。しかし、いくら彼らの問題行動を盾にしても、自分で口にして実行させたルールを破った教師への恨みと不信感は根深く残ります。こうして、教師と子どもたちとの信頼関係に、ヒビは簡単に入ってしまうのです。そのヒビを修復するのは容易ではありません。

授業づくりのポイント

・子どもとの信頼関係は簡単にヒビが入ると自覚すること。
・子どもとの約束事はすべて守るべきルールと心得ること。
・やむを得ずルール変更するときはきちんと了解を得ること。

制限時間も大切なルール

経験が浅い先生が教壇に立ち、子どもたち主体の学習活動を指示するとき、犯しがちな失敗があります。それは、前ページの事例のように、**自分で設定したルールを守らないこと**です。例えば十分間という制限時間を設けたのに、十分間が過ぎても終了が宣言されないという事態です。いつの間にか最初のルールが反故にされてしまうと、これを忠実に守ろうとした子どもたちを憤らせてしまいます。

教師の計画と子どもたちの学びの実態とが合わず、設定したルールを撤回する必要があるときは、必ず当初のルールが適用されている間にそのことを公言して下さい。右の例で言えば、十分が経過した時点でこう言います。

「十分経ちました。いったん活動を止めなさい」

こう言えば、最初のルールは遵守されたことになります。そして、別の活動に進むか、現在の活動をもうしばらく継続するか、教室全体で判断し合意します。小学校低学年の教室でも、このような民主的な意思決定は尊重して下さい。仮にそのルールですでに実行させている内容が適切さを欠く場合であっても、教師が一方的に破棄してはなりません。

冒頭の八組担任もこの知恵を徹底することに努め、長い時間をかけて信頼関係を回復させました。それが私です。

13

一つの問いで答える要素は一つ。

『走れメロス』のつまずき

中学校二年生の教室で行われた太宰治の『走れメロス』を読む研究授業での出来事です。テーマは「ディオニスに、人を信じる心はあったか」というものでした。

子どもたちの見解は「あった」、「なかった」、「以前はあったがなくしてしまった」という見解にほぼ三分されていました。手元のワークシートを覗くと、三色の付箋を使って、次のように意見が組み立てられています。学びの要素が視覚化されており、見事です。

○自分の立場→赤い付箋
○根拠となる本文→白い付箋
○自分の立場と根拠とをつなぐ理由→黄色の付箋

先生は香奈子を指名し、自分の見解を紹介するように求めました。香奈子は級友を見回し、救援を求める表情を浮かべます。その様子を見た先生はこう助言します。

「赤、白、黄色の付箋（に書いてある内容）をつなげて説明すればいいんだよ」

このことばを受け、香奈子は困惑の表情を浮かべながら、付箋に書いたメモを読み上げます。しかしメモを棒読みするだけなので、他の人はわけが分かりません。その後もこの授業では互いの意見がうまく出されず、残念な終了となりました。

論理を引き出す問いは分ける

いきなり三つの付箋をつなぎ合わせて意見を述べよと言われても、困るのは当然です。人前で筋道を立てて自分の意見を述べることに慣れていない子どもに発言を求める場合、一つの問いで答える要素は一つにする必要があります。前述の事例で言えば、付箋に書い

授業づくりのポイント

- その学びにはどのような要素があるのかを把握すること。
- まずは自分の立場・事実関係・論理に分けて問うこと。
- 論理や理由を説明する難しさを踏まえておくこと。

たメモを一つずつ問うのです。改善策を示してみます。

「香奈子さん、赤い付箋を見て。まず君の立場を言って下さい」

「次に、白い付箋に書いた内容の中で重要だと思う本文を紹介して下さい」

「黄色の付箋を見て。今選んだ部分がどうして重要なのか説明して下さい」

このように、**「自分の立場・根拠となる事実・両者をつなぐ論理」**という三つの要素を個別に問うことで、筋道の通った述べ方を理解させることができます。授業では、これら三つの要素ごとに複数の子どもたちから発言を求めるのも効果的です。

感性・情緒を引き出す問いも分ける

要素に分けて問うという知恵は、詩や音楽を鑑賞したときのイメージを尋ねる際にもあてはまります。

「この詩を読んで心に浮かんだ色はありますか?」

「この詩のどこからその色を感じたのですか?」

「その部分から○色が浮かんだのはどうしてですか?」

ここでも基本的に、「自分が抱いた感覚・その感覚を抱かせた対象・その対象がその感覚を引き起こす理由」という三つの要素を個別に問うています。個別に問うと、実は三番目の問いが答えにくいことに気づくはずです。それでも前の二つの問いに答えていれば、子どもたちはなんとか自分のことばを紡ぎ出そうとします。大切な時間です。待ちましょう。

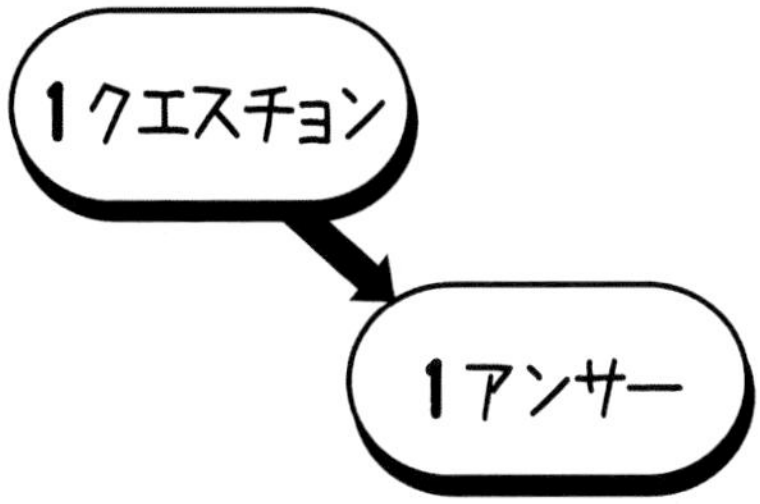

自分のことをむやみに「先生」と言わない。

教師が自分を「先生」と呼ぶ世界、呼ばない世界

私が高校に勤めた十五年間で、子どもたちの前で自分を先生と称してはばからなかった同僚は二人しかいません。一方、小学校の先生は自分のことをごく自然に「先生」と称します。いつだったか、小学四年生の前で私が授業した折、自分のことを「私」と称したら、子どもたちが困ったような表情になったことを思い出します。

先生と自称する教師が高校にはほとんどおらず、小学校がその逆なのはなぜでしょうか。高校では生徒をある部分で大人とみなし、互いの人間性を尊重した付き合いが前提とされます。そういう場で、教師が「先生」と自称するのは、子どもたちを不当に子ども扱いする印象を与えてしまいます。これに対して小学校では、教師は保護者的な存在として認知されます。実際、子どもたちから「お母さん」と呼び間違えられる女性教師は少なくありません。つまり、小学校の教師が自称する先生とは、**担任児童との保護—被保護関係を示す自称名詞**とみなすことができるのです。それは、子どもに電話をかけた父親が、「もしもし、お父さんだが、お母さんいるかい？」などと口にするのと同じです。

中学校は「先生」と自称する境界世界

教師が自分をどう呼ぶか。これに一番迷うのが中学校です。私自身、中学生相手に授業をしたとき、自分を「先生」と呼ぶことにはためらいを感じました。しかし、あどけなさの残る彼らと対面して「私」と呼ぶことにも微妙な違和感がありました。試みに中学校の先生方にどう自称しているか尋ねてみたところ、「先生」派と「私・僕」派とに、それぞれ無視できない人数で分かれていました。

授業づくりのポイント

- ・「先生」とは保護者的な自称のことばだと自覚すること。
- ・「私」とは協働主体としての自称のことばだと自覚すること。
- ・場面の状況と必要に応じて自称のことばを使い分けること。

高校のような対等の関係を築くにはまだ間がある中学校で、しかも保護者的な関与に反発する子どもたちを前にして有効な自称名詞とはなんでしょうか。

「先生」から「私」へと成長する通過儀礼

私の考える妙案はこれです。中学校生活のある時期、教師が「先生」から「私」に自称名詞を変えるのです。それもいつの間にかではなく、「先生」と呼ぶ世界に別れを告げるための通過儀礼を設けるのです。例えば次のように……。

「今日から君たちは二年生です。私はこれから、皆さんの前で、自分のことを『先生』ではなく『私』と呼ぶことにします。」

どうして呼び方を変えるのか問われたらこう答えます。

「これまでは多くの部分を保護者として守ってきましたが、今日からは一緒に同じ方向を向いて学ぶ主体（協働主体）として皆さんを尊重し、自分の行動やことばに責任の取れる人間として接するつもりだからです」

この儀礼は、教師自身が自分を「先生」と呼ぶ世界から「私」と呼ぶ世界へと成長していくことをも意味します。

このような通過儀礼は、小学校の高学年で設定してもよいと思います。中学校に進学して、再び「先生」と呼ぶ先生に会ったとき、子どもたちはどんな表情でその事態を受け止め何を知ることになるか、想像するとぞくぞくします。

評価　言語活動　教師の話法

15

片隅のつぶやきに耳をそばだてる。

つぶやきのある教室

【知恵2】で紹介した宮島卓朗先生の授業では、『注文の多い料理店』を読んで、こんなつぶやきがあったことを紹介しました。

「私には、(『温かい涙』も『冷たい涙』も) 両方ある……」

本当にかすかな一言でしたので、ほとんどの人には聞こえなかったと思います。しかしそのとき、宮島先生は、見た目は穏やかな笑顔を絶やさないようにしながら、つぶやきを一つも聴き漏らすまいと、全力で子どもたちの声に向かっていました。その結果、景子のつぶやきは宮島先生の耳に届くことになります。その後の対話はこう展開します。

教師「普通の人間だったら両方ある?」
景子「だってさ、けんかしたりして泣きわめいたりするし……」
教師「こっちだ (と言って黒板に書いた『紳士たち』の項目を指さす)」
景子「うん。で、うれしくて泣いたりとかすることもあるし」
教師「(景子に笑顔を向けながら) 景子さん、そうやって考えたんだねぇ。いいねえ」
児童「(口々に自分の考えをつぶやく) 景子さん、うれし涙だねぇ」

片隅のつぶやきが持つ力

国内外、また校種の異なるさまざまな授業を見てきてつくづく思うこと。「いい授業だなあ」と感嘆する授業は、一つの例外もなく教室に「つぶやき」があるということです。教師と子どもたちとで授業のコミュニケーションがなされている、その片隅で、コミュニケーションを観察している子どもから発せられるささやかなことば、それがつぶやきです。

授業づくりのポイント

- つぶやきを一言も聴き漏らすまいという姿勢を持つこと。
- 学びに意味あるつぶやきには、瞬時に反応すること。
- 大切なことはいつ口にしても構わないルールにすること。

教室の片隅から聞こえてくるつぶやきには、**子どもが本当に思っていることが高い確率で埋め込まれています。**その中には、教師の期待値や予測を超えた深さや新しさを持つものが含まれています。そして、ときには授業それ自体の在り方を問い直さずにはいられない事態へと発展するきっかけになったりします。

片隅につぶやきのある教室をどう創るか

片隅につぶやきのある教室を創る方法は簡単です。教師が全身の神経を集中して、教室の片隅でふと発せられる子どものことばを拾い、学びにとって意味あることばにきっちりと反応してやればよいのです。これが日常化すると、子どもたちは、学びの上で大切だと思ったことはいつでも口にしていいんだと思うようになります。

ただし、あくまでも拾うのは意味あるつぶやきです。自分勝手な不規則発言にいちいち反応してはなりません。こういう場合は丁寧かつ厳格に諭して下さい。

挙手指名されない者が授業で発言してはいけないという息苦しさから、子どもたちを解放してやりましょう。教師が采配しないと発言マナーが守られないという懸念は不要です。人は、自分のことばを聴いてくれる人がいるから話そうとし、自分に意味あることを話してくれるから聴こうとするものです。かたちだけきちんと話したり聴いたりしているような「儀式」を演出しても意味がありません。

16

ユーモアのセンスを磨く。

ジョークとユーモア

どこの学校でも、一人か二人はだじゃれの好きな先生（多くはなぜか四十代後半以上の男性の先生）がいるものです。「ラクダに乗ると楽だ」的な、しょうもないだじゃれを連発し、一部の子どもたちに寒い思いをさせています（笑）。イギリスでは、だじゃれのような言動で笑いを取る行為はジョーク（joke）と呼ばれ、ユーモア（humor）と使い分けられています。ユーモアも滑稽さを含むことがありますが、基本原理は健全で人間味のあるおかしみを指します。私なりに二つの違いを整理してみました。

ジョーク：ふざけたり冗談やだじゃれなどを発したりして笑いを誘い、発した本人や本人を含む集団に親しみの感情を抱かせようとする行為。

ユーモア：ほのぼのとしたおかしみを伴う言動で笑いを誘い、対象にされた相手や言動を観察した相手の心を和ませようとする行為。

お分かりのように、自分に関心を持ってもらおうとして笑顔を求めるのか、他者の心を和ませようとして笑顔にするのかという違いが、両者にあります。ジョークを連発しても自意識が強すぎると、よい関心を持ってもらえません。

ユーモアの話法

気の利いたユーモアがかわされる教室には、上品な笑いが生まれます。この笑いは個々の学びを促進し、共同体の居心地を快適なものにしてくれます。ユーモアは、無理して面白い話をしようとしなくても産み出すことができます。その基本は、**共同体にいる人々に関心を持ち続けていること**です。例えば、教師が説明している最中に、誰かがくしゃみを

授業づくりのポイント

・ジョークとユーモアの違いを踏まえておくこと。
・子どもをよく観察し、語彙を増やし、戯画化を楽しむこと。
・同僚についての滑稽な話をして受けをねらうのは慎むこと。

しました。そうしたら、何事もないそぶりで、「それから、大事なことを言い忘れました。……風邪に気をつけて下さい」

教室には和やかな笑いが起こるはずです。そして、くしゃみをした本人には関心を持っているよという好意的なメッセージが届きます。

こういう即興的なやりとりを身につけるためには、何よりも対象となる子どもたちを観察することと、語彙を豊富に持つことが大切です。私がNHKの番組で共演している仲間に「かもめんたる」というコンビがいます（写真）。彼らが収録時に見せる即興のユーモアにはいつも敬服しています。けいすけ君が「僕がジェットコースターの話を夢中になって語ると、みんな引いてしまうんですよ」と言うと、岩崎う大さんが「ここにいるみんなも引いてるからね」と返し、笑いとともに出演者たちをリラックスさせてしまいます。相方の槙尾ユウスケさんは女装で出演しますが、これもまた計算されたユーモアです。

ユーモアの注意点

ある出来事を引き合いにして、それを笑いの対象にすることを「戯画化」と言います。ユーモア精神のある先生は、**教師自身の失敗談を「戯画化」する能力**に長けています。ただし、同僚を「戯画化」の対象にすることはNGです。本人がいたら赤面するような話を面白おかしく語ることは慎みましょう。秘密が守れない先生だと思われてしまいます。

評価　言語活動　教師の話法

17

「どうすれば」の前に「どうしてか」と考える。

先生の毎日は忙しい

欧米やオセアニアの学校を訪問して、日本の学校の先生方がどんな毎日を過ごしているか紹介すると、びっくりされます。すべき仕事の多さと煩わしさにです。欧米の先生方が最も驚くのは、給食の配膳や清掃活動を子どもたちにさせ、それを先生方が指導することです。これを聞くと、日本の教師でなくてよかったという顔をされます。

しかし、こういう煩雑な仕事に追われながら担任や部活の顧問をもこなして、世界上位の学力を維持しているのだと付け加えると、彼らはまぶしそうにこちらを見ます。そしてしばらくして、「では我が国に何を学びに来たのか」と、もっともな質問をしてきます。「学びに来たのではありません。学び合いに来たのです」と答えることにしています。

忙しいから立ち止まれない

人間は、あまりにもすべきことが重なると、深く思考することができません。深く思考できないとどうなるか。「対処法」がもっぱら追求されることになります。つまり「どうすればいいか」ということだけが関心事になるのです。このことは、初等中等学校の先生方にも非常に多くあてはまります。**ごく限られた時間で授業の準備をしなければならない**という切羽詰まった事態を、何度も経験するからです。そのたびに、「今度の授業を乗り切るにはどうすればいいか」という思考に追い込まれます。けれども時間は止まってくれません。立ち止まって単元や教材の意味をじっくり問う余裕なんかありません。

「どうすれば」型の思考に追い込まれた人が求めるものはハウ・ツーです。具体的に、どういう課題を立て、どんなことばがけをし、どのような言語活動をどのように提供すれ

授業づくりのポイント

・「どう……」と言いさしたら「……して」と問いかけること。
・ハウ・ツーの奥にどういう意味があるのかを考えること。
・どういう人間を育てようとしているのかを考えること。

ば、子どもたちは「くいつくか」。これらについての具体的な解説や手ほどきは、授業経験が脆弱な先生にとって救いの手です。

それでも立ち止まって「どうして」を問う

けれども、「どうすれば」型の思考に慣れすぎて、授業づくりという作業を手段や方法の構想だけで考えるようになると、学びの本質が見えなくなってしまいます。試しに、「この単元を貫くねらいは何?」と自分に問いかけてみて下さい。そのとき「何々をすること」という答えしか出せなくなったら要注意です。原理や理念が説明できない方法は、成分の分からない薬のようなものです。

どんなに忙しくても、このような課題を立てるのは「どうしてか」、このような言語活動を計画するのは「どうしてか」と考えるようにして下さい。「どう……」と言いさしたら一呼吸おき、「……してか」と問いかけて下さい。応えに窮するようであれば、その課題や活動をすることの必要性がよく分かっていないことを意味します。日本の教科書は本当によくできています。課題や教材、手引きには、本質的なねらいや意味があります。それを見抜く努力を怠ってはなりません。

「どうして」型思考の究極目標は、**どういう人間を育てるのか**という問いに応えることです。そうなるまで、「どうして」の手を休めないでいただきたいのです。

評価　言語活動　教師の話法

18

集団での学びはシンメトリーに。

美しさには原理法則がある

黄金分割の原理を提唱したのはレオナルド・ダ・ヴィンチでした。彼は、人が美しいと感じる造形に一定の比率があることを発見しました。1対1．618、この比率で事物が分割されることを黄金分割といい、ミロのビーナス像やピラミッドの構造に見出すことができます。卑近なところでは、名刺の縦横比も黄金分割になっています。

黄金分割と同様、美しいと感じさせる原理にシンメトリー（対称性）という構造があります。正中線からの目鼻、耳などの位置が左右対称に近ければ近いほど、整った顔立ちと感じられるそうです。おびただしい数の実践をしたり見たりしてきた結果としての経験的印象ではありますが、教室で行われる授業もまた、**整った展開はシンメトリー構造をなしている**ことが少なくありません。

全体→個→ペア→グループ→ペア→個→全体

シンメトリー構造の授業は、例えば全体・個・ペア・グループという、多様な規模で行われる活動によって構成されています。以下、授業の展開過程に即して、どういう構造なのか、例を示します。

【全体】　授業開始の場面です。当該の授業に参加するメンバーが誰であり、何についてこれから学ぶのかが了解されます。基本的に、教師対子どもたち全員の話しことばによる対話として展開します。

【個】　その授業では何が学習問題・学習課題であり、そのために自分はどうすること・どうなることが目標なのかを個々の子どもたちが自覚し、取り組む場面です。多くの場合、

授業づくりのポイント

- 授業の枠組みを整った図形として視覚的にとらえること。
- 対称軸をなす中心的な活動を定めること。
- 中心的な活動の前後に対称的な活動を配置すること。

ここでワークシートや資料が配布され、個人で課題に取り組む時間が設けられます。

【ペア】個人の学びを近くのパートナーと紹介し合って対話する場面です。課題についてどんなことを知っているのか、どのように考えているのかを、ともに分かち合います。

【グループ】ペアで分かち合った情報をもとに、少人数の単位で課題について探究します。これが対称軸として学びの中心になります。グループ活動の進め方は、教師から示すこともあれば子どもたちが自ら開発することもあります。教師はグループを巡回して助言します。

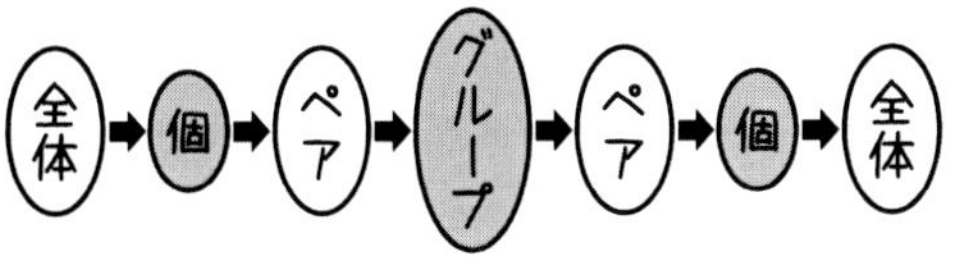

【ペア】グループ学習の成果をまとめたり、評価したりする段階です。どのような知識や考え方が提供されたか、何が合意され、何がされなかったを確認し合います。

【個】自分自身の目標と照らし合わせて、本時の学びから何を得たか、何が課題として残ったのかをまとめます。

【全体】全体でどういうことが学ばれたのかを把握します。教師の解説や情報提供、次時への課題設定等はこの段階で行われます。展開形態は前述の通りです。

もとより、この展開構造がすべてに適用できるわけではありません。でも、こういう枠組みを知っておくと心強いはずです。

「たてちとつ」と唱えて教壇に立つ。

授業づくりを料理と考える

ある意味で授業づくりは料理に似ています。献立を考え素材を集め、下ごしらえをするのが教材研究。調理の手順を記したレシピが学習指導案。実際に料理を作って食べる過程が授業実践。「まったりとして、それでいて鮮烈な……」などと感嘆するのが評価です。

その授業がどのような性格の活動として展開していたか、それは料理を作る工程に現れます。すべての料理を教師一人で作り、子どもたちにふるまうのが講義中心の授業、逆に子どもたちに包丁を持たせ、自分たちで作って食べさせるのが活動中心の授業です。対照的な工程ではありますが、目的は同じです。

「栄養価が高くて美味しい食事を堪能したい」

この目的を達成するために、料理の世界にはさまざまな知恵があります。その一つに、「さしすせそ」があるのをご存じですね。調味料を入れるべき順番です。「砂糖・塩・酢・醤油・味噌」の順で入れていきなさいという知恵です。これと同様に、授業づくりでも教師が心得るべき「さしすせそ」、すなわち基本的な心得があります。

たとえる・てばなす・ちかづく・とらえる・つなげる

学生時代に入っていた演劇部で、「アーエーイーオーウー」と声を出すトレーニングがありました。教師は声が命ですから、就職しても、この発声練習は折に触れ続けてきました。そうしていつのことでしたか、「ターテーチートーツー」と唱えていたら、これを頭に据えたいくつかの用語が、授業実践の過程で非常に重要だということに気づいたのです。

【た（たとえる）】学習目標のような抽象的な内容は、たとえ話や実物などで具体的にイメ

授業づくりのポイント

- 授業づくりは料理に見立ててとらえておくこと。
- 大切なポイントは分かりやすい呪文にして把握すること。
- 呪文を踏まえながら、まずは「たとえる」こと。

ージさせます。料理の際、どういう作業でどんなものができればよいかを写真等で示し、事前に確認するのと同じです。

【て（てばなす）】子どもたちが主体的に進めるべき学びは子どもたちに任せます。講義型の授業でも、子どもたちはそれぞれの席で自分の学びを進めています。

【ち（ちかづく）】子どもたちの活動場面に寄り添い、見守りながら、どのように学んでいるか、何を書いたり話し合ったりしているかを観察します。「ちかづく」とは、評価することではありません。**学びの事実を把握すること**です。

【と（とらえる）】観察にもとづいて、子どもたちの学習状況を授業の場で把握します。評価の観点から学びを把握するのがここです。料理で言えば、いただいてみてどうだったかを口にする場面です。

【つ（つなげる）】学びの成果と課題を展望します。一回一回の授業は、連綿と続く流れの中にあります。次の授業では何をどうするか、子どもたちと共有して下さい。

「たてちとつ」は授業から単元、そしてカリキュラムまで

「たてちとつ」は、山本五十六《いそろく》の名言「やってみせ、言って聞かせてさせてみせ、ほめてやらねば人は動かじ」に一部通じる基本原理です。単元や年間カリキュラムを構想する際も、到達地点の例示から成果と課題の展望まで、同じような手順になります。教員室でもしばしば唱えてみて下さい。

基本となる「型」を示す。

「型破り」と「形無し」

一定の形式や習慣に従って個性や独創性がなくなることを「型にはまった○○」と言います。小・中学校で行われる研究授業を参観すると、「型にはまった授業」をうんざりするほど見ます。だいたい、「学習問題・学習課題」の提示とワークシート配布で始まり、すぐグループ別の学習になります。進行の手順書や司会の発言例があって、子どもたちは従うのに必死です。グループ学習で授業時間の大半を過ごすと、学んだことの発表となりますが、二、三人程度が指名されて終わりです。そして今日の感想を書かせて終了――。

これとは対照的に、高校や大学では、先生が一方的に講義する形式が蔓延しています。やはりこれも「型にはまった授業」の一つです。小・中学校の「型」では教える主体の顔が見えず、高校・大学の「型」では学ぶ主体の顔が見えません。どちらもいびつです。

このように言うと、授業展開や学習活動に「型」を取り入れ、「型」通りに進めるのは何か不適切のように思われがちです。確かに、おきまりの「型」をなんら工夫することなく採用し続けるのは、教師の名折れです。

だからといって完全に「型」を無視して我流の実践にはしることはお勧めできません。奇をてらった授業は、いっときは面白がられます。しかし、じきに飽きられます。個性や独創性というのは、本来、**ある共通した土俵における差異**として現れるものです。つまり、「型」が会得された上でそれを自分流に変えていく中で現れるのです。独創的な様子を「型破り」と呼べるのは、会得された「型」があるからであって、それがないまま風変わりな実践を行っても、長続きしません。こういうのを「形無し」と言います。

授業づくりのポイント

- 「型」があるから個性や独創性が生まれるのだと心得ること。
- 「型」の会得ではなく、「型」の中身の充実を目的とすること。
- 学びの原理を踏まえたすぐれた「型」を活用すること。

「型」に縛られてこそ無限の可能性が発露する

物語創作では、いわゆる「起承転結」が子どもたちに最も分かりやすい「型」として知られています。また、多くの昔話は、同じ展開の話が三回繰り返され、三回目に大きく転回するようになっています。俳句や短歌の形式も立派な「型」ですし、「序破急」とか「双括型」といった論文構成も、学びの基本となる「型」です。本書で示した【知恵18】と【知恵19】も、授業展開全体にかかわる「型」です。

これらはマニュアル（手順書）ではなくフォーマット（書式）であり、そこにどういう内容を盛り込むかということまでは規制しません。いやむしろ、これらの「型」があるからこそ、**先生も子どもたちも安心して中身の充実に取り組むことができる**のです。

「型」が学びを促進する

論理的思考の「型」を示したものの一つにバタフライ・マップ（拙著『すぐれた論理は美しい』東洋館出版社）というツールがあります。人間の思考パターンや論理的思考についての先行研究にマッピングの機能を生かし、さまざまな学びの場で使えるように開発されています。

すぐれた「型」は、それを踏まえることによって、子どもたちの学びを促進する上で欠かせない方法知を、ごく自然に導いてくれます。

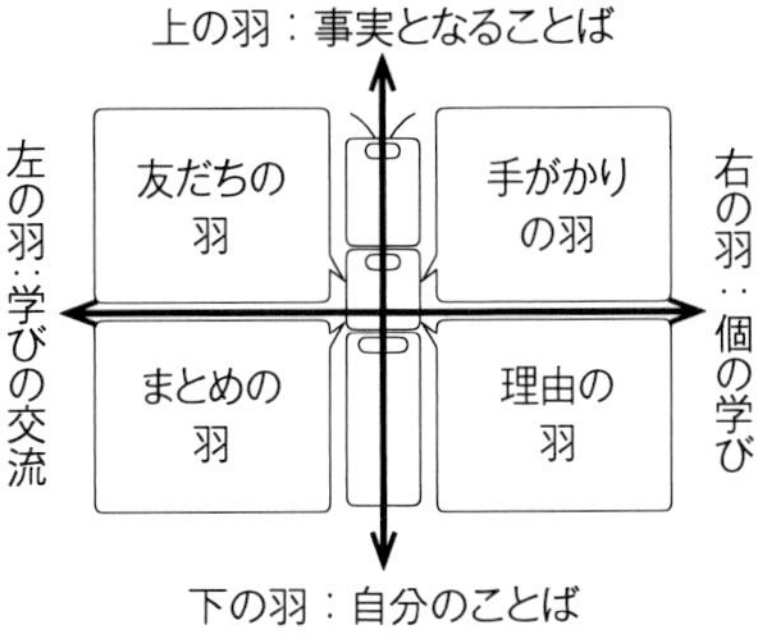

評価　言語活動　教師の話法

21

イージーな活動ではなく、シンプルな活動を目指す。

人間関係ネットワーク

かつて、初対面の集団が人間関係のネットワークを形成することのできるシンプルな活動を考えたことがあります。題して「三人会話」と言います。

あるテーマについて三人で会話をする活動です。最初は集団の中から無作為に選ばれた三人で数分間会話をします。他の人は会話の様子を見ています。時間がきたらそれぞれが別に新しい二人を選び、三か所で新たに三人会話を始めます。

「異なる二人と三人で会話をする」この活動を繰り返します。条件は二つあります。

①三人会話を経験した人は、先ほどどんな話題でどんな会話をしたのか紹介すること。

②三人会話を二回経験したら終了。

この活動を繰り返すと、三人会話の三角形が万華鏡のように広がります。そして、間接的であれ、すべての人が人間関係のネットワークでつながっていきます。そのつながり方を関数で表すと、次のようなきわめてシンプルなものになります。

$y=3(2^n-1)$。変数nは会話の回数、yは会話に参加する人の総数を示します。

この関数のnに4を代入するとyは45になり、日本の公立学校における一学級の児童・生徒数を満たします。何と、三人会話を四回繰り返すだけで、学級全員の人間関係ネットワークが完成するのです。

イージーとシンプルの違い

イージー（easy）とは、労せずして物事が実行できる状態を意味します。イージーな授業とは、手順通りに進めれば誰でも楽に課題に取り組めるように準備され整備された授業

授業づくりのポイント

・イージーの対語は Difficult（困難）だと心得ること。
・シンプルな仕組みが複雑な学びを可能にすると心すること。
・シンプルな仕組みの根っこにぶれない理念を持つこと。

を指します。こう言うと行き届いていて好ましく思われがちですが、問題は「手順通りに進めれば」という条件にあります。手順からそれたり、そもそも手順に不備があったりすると、学びを遂行することが困難になります。また、子どもたちを思い通りに動かそうという原理で設計されるため、息苦しさがぬぐえません。

　これに対してシンプル（simple）とは、物事の仕組みが単純で分かりやすい状態を意味します。シンプルな授業とは、基本的に**何をどうするのかが、至って単純な仕組みとして示された授業**を指します。子どもたちは、シンプルな仕組みを用いてさまざまな活動に取り組みます。例えて言えば、ブロック玩具を組み立てるようなものです。ブロックの組み立ては突起のある面を反対側に差し込むという実にシンプルな仕組みです。けれども、それで何を組み立てるかは無限の可能性を持っています。問題は、いかにシンプルな仕組みを設計するかにあります。

三人会話

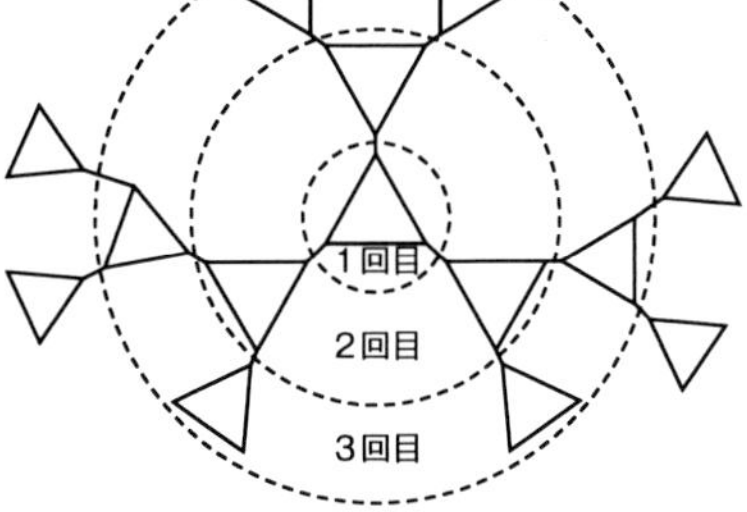

シンプルな活動は複雑な学びを可能にする

　シンプルな活動はいろいろな付け合わせや加工がきくため、複雑な学びを可能にします。しかもその根底には、シンプルな活動に埋め込まれた学びの原理があります。三人会話の原理は「異なる二人とかかわる」。この原理が維持される根っこには、異なる存在との出会いを大切にする理念があります。そしてその理念はぶれません。

22 今日のこの授業は一人に捧げる。

学園ドラマの定石

学校を舞台に、教師と子どもたちとの触れ合いや葛藤を描いたテレビドラマ（学園ドラマ）といったら、どんな作品を思い浮かべるでしょうか。「中学生日記」、「われら青春!」、「3年B組金八先生」、「熱中時代」、「女王の教室」、「ごくせん」等々、昔からたくさんの学園ドラマがあります。これらを数多く観てきた者として気づいたことがあります。ごく当たり前のことです。毎回、さまざまな問題を抱えた特定の子どもが主人公となり、先生と深くかかわるパターンが定石だということです。この定石にもとづいて、教師は一時間の尺でその子に徹底的にかかわり、深い一言をもって私たちの心を打ちます。例えば「女王の教室」で「阿久津真矢」先生が発した次のことばのように。

「なぜあなたが人から愛されないのか分かる?　あなたが誰も愛そうとしないからよ!」

主人公のいる授業

学園ドラマで毎回一人の子どもが主人公となる背景には、視聴率やプロダクションとの関係など、教育的な問題とは別の事情があります。しかし、事情がどうであれ、主人公の子どもは独特の家庭環境や人間関係、または秘密の過去を抱えたキャラクターとして描かれます。それらが学校における当人の生活態度や学びに影を落とし、教師はその影を手がかりに、主人公の子どもとかかわっていきます。この構造自体はリアルです。

ドラマで描かれる人物は虚構の産物です。しかし、同じ教室に集う子ども一人一人が、他の子とは異なる環境や生活経験を持ち、独自の苦しみや悩みを抱えて生きる姿は、現実の教室でも変わりません。そういう子どもたちを相手に、全員に一律の学びを保証するこ

授業づくりのポイント

・子どもたちはそれぞれ独自の生をいとなんでいると感じること。
・今日の授業の主人公と決めた子をきめ細かく観察すること。
・主人公を替えながら時間をかけて全員を大切にすること。

とだけを意識して授業を進める姿勢は、考え直す必要があります。私たちの授業も、毎回「今日の主人公はこの子」という思いで進める必要があるのです。

一人に捧げることでみんなが生きる

事前に決められた基準にそって子どもたちのレベルを規定し、テストや授業態度でどのレベルにいるか査定する評価観しか持っていない人には、「一人に捧げる」授業など理解できないでしょう。しかし、子どもの能力を「自ら成長しようとする可能性」としてとらえ、一人一人に開花すべき独自の「つぼみ」があるという考え方に立つと、**授業づくりで意識する相手は一人一人の素顔と向かい合わねば成り立たない**ことが、ごく自然に理解できるはずです。

授業で特定の一人を主人公としたら、本人には悟られないようにいつもの授業をいつものように進めます。ただし先生の目は、ひっきりなしにその子に向けて下さい。そして、その子が今何を考えているか察し続けます。子どもを注意深く見つめる姿は、個を大切にする先生のまなざしとして、他の子どもたちにも好意的に伝わります。

学園ドラマがそうであるように、主人公はどんどん入れ替わります。そうして卒業式を迎えるのです。すべての子どもが一度は主人公を経験して巣立っていく学級を想像して下さい。その感動は他のどの職業でも経験できません。

言語活動

自分が子どもだったらやってみたくなることをする。

「なぞ」・「秘密」・「不思議」

昔、裏山に秘密基地を作ったり、○○探検隊と名づけて路地裏を誇らしげに闊歩したりしたことはありませんか。佐藤さとる氏の『だれも知らない小さな国』にあるように、子どもたちは、「なぞ」とか「秘密」とか「不思議」が大好きです。身の回りの何気ない場所や事物に、誰も知らない何かとんでもないものが隠されている、そんな話を耳にすると、ぞくぞくします。このぞくぞく感の根っこには、人間が生まれながらにして持っている知的好奇心があります。**知的好奇心こそ、学びの原点**です。

「大人になるとは『秘密』を持つこと」という至言があります。意味深長な至言ではありますが、確かに、「なぞ」とか「秘密」とか「不思議」に誘われた活動は、これまでとは別の世界があるような大人びた感覚を与えてくれます。そしてその真相を自分または自分たちだけが知っているということに、えもいわれぬ快感を覚えるものです。

書こうとしない子どもに

以前、小学校低学年の子どもの家庭教師をしていたゼミ学生の平田君から、「担当している子が文章を書きたがらなくて困る」という相談を受けたことがあります。そのとき私は、私が子どもたちとよくやっていた遊びを紹介しました。「秘密の宝探し」と言います。

宝物はなんでもいいです。それを家のどこかに隠します。まず、こちらが隠す役になり、子どもに一枚の紙を渡します。紙には、例えばこんなことが書いてあります。

「ぼくがうがいをすると、口の中に入っていたものは、みんなきれいになる」

子どもたちはこれを読むと、しばらく考えて、洗面所のところへ駆けていきます。洗濯

授業づくりのポイント

・知的好奇心こそ学びの原点であると認識すること。
・単元名に「なぞ」、「秘密」、「不思議」の要素を入れること。
・子ども時代に自分がワクワクした体験を思い出すこと。

機のふたを開けると、中にはまた紙切れが。開けてみると、こう書いてあります。

「わたしはメリーゴーランド。でも、ぐるぐる回るとあつくなる。うふふ」

今度は電子レンジに行きます。するとまた紙が。かくして五～六か所を転々と渡り歩き、宝物を手に入れます。このゲームをやった後、「今度は、自分が宝物を隠す役になってみたくない？」と挑発します。ほぼ間違いなく飛びつきます。そして、何枚もの紙切れに手がかりとなる文章を書き綴ります。しかもそれは擬人化による暗示という高度な文章です。このアイデアを持ち帰った平田君は、後日、目を輝かせて報告にきました。例の子が、このゲームをきっかけに書くことを好きになり、今では、百字程度の文章ならすぐ書けるようになったとのことでした。

子ども心で授業を楽しむ

私たちの心の中には、いつも子どもの遊び心が宿っています。大人になっても遊び心は消えません。ただ、日頃は気がつかないでいるだけです。あの頃、どんなことにワクワクしたか、まずは思い出してみて下さい。

「なぞ」や「秘密」、「不思議」ということばを用いて、教師にも楽しくて愉快な、遊びのような授業を心がけて下さい。そうすれば、学んだことを一生忘れない授業を実現することができるはずです。そしてそのアイデアは、**誰もがずいぶん前からすでに蓄積している**のです。

評価　言語活動　教師の話法

24

子どもを驚かせて楽しむ。

説明文の読みでサプライズを提供する

『月の起源を探る』（光村図書・中学三年生）という説明文を扱った授業で、非常に興味深い事例を耳にしました。授業者は畏友の甲斐利恵子先生（港区立赤坂中学校）です。子どもたちを教材文の筆者に見立て、科学的な内容を興味深く読ませるために、本文ではどんな工夫をしているか、実在の筆者に成り代わって解説しようという課題設定です。

子どもたちは自分が教材文を書いた人間になるというロールプレイに興味を引かれ、自ら説明文を詳しく読みました。

この学びの大詰め、班ごとに発見した工夫点を発表する授業で、子どもたちは驚きの体験をします。なんと、本物の筆者である小久保英一郎氏が教室に入ってきたのです。甲斐先生の実践を耳にした小久保氏が、参観してみたいと申し出て実現したサプライズでした。子どもたちのあっけにとられた顔を想像すると、微笑んでしまいます。

読書を楽しむための驚きの施設

ロンドンから北に鉄道で二十分ほど行ったところにロックザムスクールという小学校があります。子どもの学びには限界がないという原理のもと、読書教育に力を入れている学校です。二〇一〇年に訪問した折のこと、副校長のロジャー先生がにやにやしながら校庭に誘うので、ついて行くとびっくりする風景が目に飛び込んできました。二階建てのバスがそびえ立っているのです。街中を走っているのは赤いボディですが、メタリックグレーに塗り替えられています。ロジャー先生はドアを開けると、こう言いました。

「ようこそ、ストーリーバスへ」

授業づくりのポイント

・ノルマのようになっている日々の行動を見直してみること。
・子どもたちが予想もしないことを実行する好奇心を持つこと。
・子どもたちをびっくりさせるために労を惜しまないこと。

中に入ってみます。車内の床には緑のカーペットが敷かれ、壁際には本箱が並んでいます。廃車処分になったバスを譲り受け、休み時間の読書施設とするために、保護者と教職員とで協力して改装したとのこと。「これが校庭に運ばれて来たときの子どもたちのびっくりした顔、見せたかったよ」と言って笑うロジャー先生の脇では、四年生の女の子が、二年生の妹のような子に絵本を読み聞かせてやっていました。

驚きはいつでもどこでも

子どもたちを驚かせて楽しむ行為は、子どもたちに**自分が大切にされているという感覚**を育みます。子どもたちは、先生が仕掛けた驚きに胸を踊らせ、学ぶことの楽しさを実感します。今日はどんな驚きがあるんだろうとワクワクしながら学校に通う様子を想像してみて下さい。

驚きは、いつでもどこでも演出することができます。例えば印刷した通信に誤字が見つかったら、一枚一枚に朱を入れて訂正してみて下さい。「先生、刷り直さないで全部手書きで直したんですか？」と驚く子どもが必ずいます。私は、人気クイズ番組のデザインを模した四択の問題をパワーポイントで制作し、授業中に「これから抜き打ちテストをします」と脅かして楽しんでいます。テレビ番組さながらのオープニングでスライドが投影されたときの、子どもたちのあっけにとられた顔を見るのは、実に愉快です。

問いで始まり、問いで終わる。

同じ仲間の語を探す

語彙の学びとして、小学四～五年生の教室でこんな授業をします。まず、黒板に四つの語を並べて示します。このうち三つの語はある共通点を持っていると宣言します。それはどの組み合わせか、理由を添えてあてるように促します。シンプルだから、子どもたちは面白がります。（ちなみに、仲間でないものを外すというのも同じ作業ですが、人権上、望ましくありません。）

Ａ ロンドン　Ｂ フランス　Ｃ ブラジル　Ｄ イタリア　（ＢＣＤ＝国名）

Ａ の　Ｂ が　Ｃ に　Ｄ げ　（ＡＢＣ＝格助詞）

Ａ ひつじ　Ｂ ごはん　Ｃ わた　Ｄ ひこうき　（ＡＣＤ＝「～雲」）

こういう学びを展開すると、子どもたちは自分でも問題を作りたくなります。語彙を豊かにする上でまたとない機会です。例えば、教科書の○ページから○ページの中にある語を使って問題を作ってみようとか、理科や社会で習った内容にちなんで問題を制作してみようなど、条件設定を工夫することでさまざまな語彙の学習が展開します。

さて、小学校でこの学びを楽しむとき、私はいつも最後にいじわるをします。次の問題を出したまま、「これは家で考えな！」と言って授業を終わらせてしまうのです。

Ａ 赤　Ｂ 白　Ｃ 青　Ｄ 黄

子どもたちは私のいじわるに色めき立ち、授業終了の挨拶もそこそこになんとか答えを引き出そうとします。そして「ＡＣＤでしょ！　信号機の色だもの」とか「ＡＢＣでしょ！　アカ、シロ、アオと二つの音で読むけど、黄だけはキ一つだから」などと言うので、

授業づくりのポイント

・授業開始の問いと対応する結びの問いを準備しておくこと。
・家庭での学びや次時以降の学びにつながる問いを立てること。
・もう少し背伸びする必要のある問いで授業を結ぶこと。

「そんな簡単な問題を君たちに出すと思う?」と笑いながら、本当に教室を後にしてしまいます。彼らは階段まで追いかけてきて、帰すまいと足に絡みついたりします。

学びをつなげる

授業がなんらかの問いで始まるのは当然です。これに対して授業の終結部分で、新たな問いを出すというのは掟破りで不完全な印象を与えることでしょう。授業の終わりで学びの成果を把握する必要があるのは確かです。けれどもそれは、学びの終結宣言ではありません。子どもたちがある地点に辿り着いたら、**もう少し背伸びをする必要のある新たな問い**を提示すべきです。そうすることによって、子どもたちは、学んだことを自宅に持ち帰り、次の学びに継続するのです。

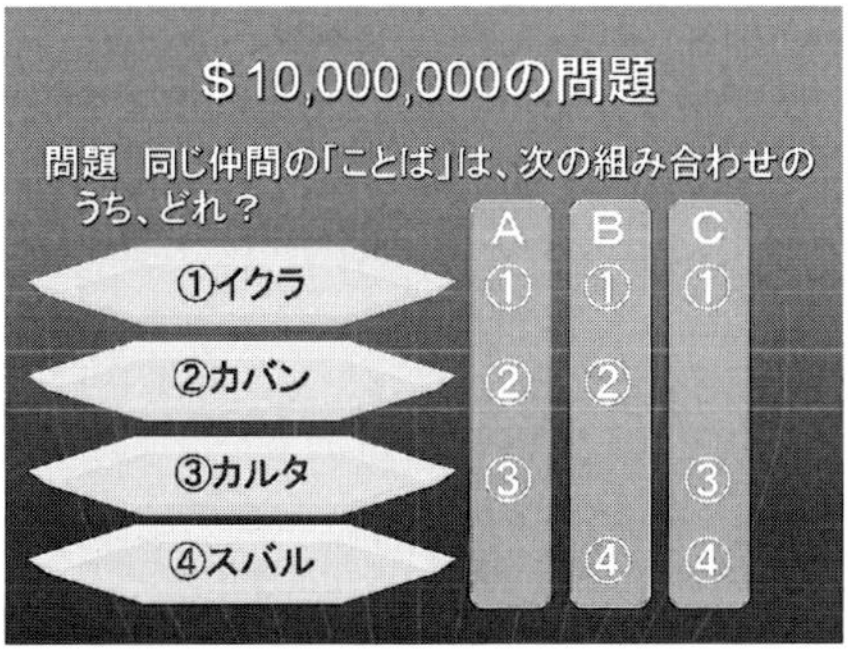
＄10,000,000の問題
問題　同じ仲間の「ことば」は、次の組み合わせのうち、どれ？
①イクラ
②カバン
③カルタ
④スバル
A ① ② ③
B ① ② ④
C ① ③ ④

授業のまとめ段階で提示する問いは、初めの問いとセットで考えて下さい。そして、初めの問いが解決されたら、新しくどういう問いが立ち上がることになるか、まずは教師自身でシミュレーションしてみます。

終わりの問いには、家庭での学びをどう促進するかという視点も重要です。私のいじわる問題を持ち帰ったある子の日記には、お家の人とどう解けばよいか話し合い、風呂やトイレの中でもずっと考えていたと記されていました。こういう日常が、学びの基礎体力を向上させるのです。

ちなみに例の問題のヒントは形容詞です。

評価　言語活動　教師の話法

26

導入部で行う確認のための問答は、指導計画を狂わす元凶。

前の時間の確認作業

ある高校で漢文の史話を読む授業を参観したときのことです。学習指導案には、授業の導入部で登場人物や前の時間に学習した内容について数分間で確認することが記されていました。自分の経験から、導入段階で前時の確認作業を問答形式で行うと、予想外に手間取ってしまうことが少なくなかったので、いちまつの不安を抱いて教室に入りました。

授業が始まります。先生は指導案で確認する予定だったことがらに触れながら「これまでにどんなことを学んできたか教えてくれる人、いますか？」と問いかけます。もちろん、誰も手を上げません。そこで個別に指名して「〇〇さん、この話の題名はなんですか？」と尋ねる方式に変えます。しかし、指名された生徒は答えません。そこで先生は「なんとか門って言ったわよね」とヒント（？）を出します。指名された生徒は、不愉快そうに「コウモンノカイです」と答えました。先生は「そうですね」とうれしそうに言いながら、黒板に「鴻門の会」の名前をゆっくりと書き出します。

この調子で導入を進めたため、授業は計画の半分ぐらいで終わってしまいました。

授業後、参観していたメンバーと研究協議会になりました。先生曰く、

「初めは挙手をさせて確認するつもりでした。でも、あまり手が挙がらなかったので、個人指名で誰でも答えられる問いを投げかけることにしました。そうすれば、発言することへの抵抗が和らぐし、前の授業の確認にもなると考えたんです」

子どもをみくびることの危険性

この先生の勘違いは、誰でも答えられる易しい問いを出せば、すんなりと前時の確認が

授業づくりのポイント

・導入部にかける時間はせいぜい五分と心得ること。
・あまりに自明のことを問わないように気をつけること。
・前時の問いについて解説しながら既習事項の確認をすること。

できるだろうと高をくくっていたところにあります。小学生でも、高学年ともなれば、**考えるまでもない問いに手を上げて答えることを、うさんくさく感じる**ようになります。ましてや、中・高生を相手に教材の題名や登場人物名などを、前時の確認と称して問いかけると、彼らはなんだか小馬鹿にされているような印象を抱くことになります。あるいは「まさかこんな自明の答えが求められているのではあるまい」と深読みをして、発言に窮します。そうして要らぬ時間がかかってしまうのです。

導入部は簡潔に

前の授業で何を学んだのかを確認することは、大切な手続きには違いありません。しかし、導入部でかける時間はせいぜい五分ぐらいにしないと、子どもたちの学びの意欲に悪い影響を与えます。

前の授業で学んだことを確認し、なおかつ短時間で本時の課題へと進むにはどうすればよいのでしょうか。答えは簡単です。前時の学びについては教師が説明すればよいのです。【知恵25】をもう一度読んで下さい。前時の最後が問いで終わっていれば、それについて教師が解説することで確認は完了します。それでは子どもたちの既習事項に対する理解度が測れないという声もあるでしょうが、そんなことに本時を費やすのは時間の無駄です。授業を連続ドラマに見立てて考えるとよく分かります。前の回のストーリー確認が長々と放映される連続ドラマなど、誰が見たいと思うでしょうか。

評価　言語活動　教師の話法

27

活動は、まず最初にやってみせ、到達すべきゴールを示す。

授業をマラソンに見立てると

例えば、意見文を書く授業を想定してみましょう。少なからぬ教室では、学習指導要領に示された事項を踏まえつつ、意見文を書くための段取りに従いながら授業を進めているのではないでしょうか。まずは題材を指定し、意見文を書くために必要な情報を集めてこさせます。次に、集めた情報をもとに自分の意見を一文でまとめさせ、意見と根拠をどういう段落構成で組み合わせるとよいか解説します。その上でおもむろに意見文を書かせ、推敲や添削を経て完成する……。こういう授業です。段取りよく展開すれば、誰もが筋道の整った文章が書けそうな気がします。

しかし、意見文を書く活動に慣れていない子どもにとって、このような授業はいただけません。なぜなら、ゴールのイメージがつかめないまま、何時間も指示された活動をすることになってしまうからです。この状態がどれだけいやなものか、授業をマラソンに見立ててみるとよく分かります。マラソンをすることになったけれども、どこにゴールがあって、どれだけ走ればよいのか知らされていない。ともかく、コーチの「そこを右」とか「左に曲がれ」といった指示に従って走り続ける……。こんなマラソンを走る気になるでしょうか。それにもかかわらず意見文を書く活動で子どもたちが「走って」くれるのは、「先生の指示に従っていれば間違いない」という純粋さに支えられているからです。

やってみせることの重要性

みんなの前でプレゼンテーションやスピーチをする、新聞やポスターを制作する、小論文や随筆を書いて交流するといった活動は、授業を活性化させ、子どもたちに主体的な学

授業づくりのポイント

・ゴール地点はどこか、はっきりと見定めておくこと。
・子どもたちのすぐれた作品例を貯めておくこと。
・学びとは真似することから始まると心得ておくこと。

びを促す上で有効です。これらを子どもたちが実行する際、不必要な戸惑いや困惑がないようにするためには、単元の最初に教師がしておくべきことがあります。

それは、具体的な完成例を示し、到達すべきゴールを示すことです。

スタートラインに立った段階で、最終的に何がどうなればよいのかはっきりしていると、それから逆算するかたちで今すべきことが見えてきます。枝分かれした作業に没頭するときも、全体から見ると何をしていることになるのかが把握できます。

ゴールは、基本的に教師がやってみせます。ただし、前に同じタイプの学びに取り組んだ子どもの作品があれば、それを示すのはより効果的です。一部の子どもたちはゴールを身近に感じ、もっとすぐれたものを創り出そうと奮い立ちます。

「学ぶ」とは真似すること

やってみせるかたちで最初にゴールを示すことは、「学ぶ」という行為の根本でもあります。**「学ぶ」とは「まねぶ」ことすなわち「真似する」ことを意味する**からです。専門職の世界になぞらえれば、その道に秀でた師匠の技を間近で観察し、見よう見まねで取り組んでみることなのです。最初は何もかも師匠には叶わないことを思い知り、己の未熟さに絶望しかけます。けれども一所懸命に真似をしているうちに師匠の技の真髄が受け継がれ、あまつさえ、自分独自の境地にも到達する。真の学びとはそういうものです。

評価　**言語活動**　教師の話法

28

子どもにさせることは、事前に教師がやっておく。

滑ったことのない指導者からスキーのレッスンを受ける気になりますか

俳句や短歌を創作する活動が各地で盛んに行われています。討論やディベート、パンフレットや新聞作りなどの活動も、教科の枠を越えて行われています。これらの活動を中心に進める授業を参観すると、子どもたちは、ときに信じられない力を発揮します。凡庸な大人には思いつかない作品や言語活動をいくつも生み出します。すばらしいと思います。

ただ、この手の授業を参観していて、いつも気になることがあります。

それは、子どもたちが取り組んでいる活動を、先生自身が経験なさっているのだろうかということです。

教師自身がやっていないにもかかわらず、創作や話し合いなどの活動を適切に支援することができるでしょうか、私には自信がありません。これをスキーのレッスンに例えてみましょう。一応、指導員の資格を持っている人がスキースクールを開き、さぁみんなで滑ってみようと促します。でもその人は、これから練習するゲレンデで滑ったことがありません。当日も、自分は滑ってみせることなく、滑り方だけ講義します。私は、こんなレッスンに参加したくありません。

事前にやってみることの意義

子どもたちにさせようとする活動は、すべて事前にやってみることをモットーとしていた先人に大村はま先生がいます。大村先生は、子どもたち一人一人に異なる学習課題と教材を用意したことで有名ですが、それらをご自身で試されていたということはあまり知られていません。教師が自らやってみることはどうして大切なのでしょうか。

授業づくりのポイント

・言語活動に取り組む子どもの立場に立って考えること。
・事前にやっておくことの三つのメリットを心得ておくこと。
・あの子には少し難しいかなと思われる活動を採用すること。

第一に、その活動が子どもの身の丈に本当に合っているかを、事前に確かめることができます。取り組んでみたものの、することが易しすぎたり難しすぎたりすると、子どもたちは意欲を失います。

第二に、どこでどういう指示や援助を示せばよいか、細かな見通しを立てることができます。いくら頭の中で緻密な指導計画を立てても、いざやってみると、思いがけないところで戸惑いや分かりにくさを感じるものです。事前にやっておけば、そういうときに子どもたちが立ち往生しないよう、先手を打つことができるのです。

第三に、その活動をすることで、**子どもたちにどういう力を育もうとしているのか、自分も学び手の一人として、自信を持って示すことができるようになります。**

少し難しいぐらいがちょうどいい

それでは、事前に言語活動をやってみて、これでよいとか不十分だと判断する基準はどこに求めたらよいでしょうか。この疑問については、もう一つの授業づくりの知恵としてお答えしておきます。それは次の知恵です。

「あらゆる学びは、少し難しいぐらいがちょうどいい」

この言語活動を提供したい子どもたちの顔を一人一人思い浮かべ、あの子がこれをやってみたらどうだろうと考えながら、やってみます。そのとき、「少し難しいかな?」と感じたらＯＫです。授業とは、子どもに背伸びさせることですから。

29

活動すること自体を目的にしない。

「話すこと・聞くこと」の学習は浮き沈みする

近代国語教育が始まってから浮き沈みを繰り返した言語活動に「話すこと・聞くこと」があります。近いところでは、平成元年から十年にかけて興隆期がありました。各地の研究授業や教育関係の書籍で盛んに取り上げられ、ディベートや対話に関する研究も進みました。これにかげりが見えてきたのは平成十年以降です。「ゆとり教育」が学習指導要領の中軸となった一方で、基礎的・基本的な学力低下を危惧する世論が起こり、折しもPISA調査で読解力に著しい低下が見られた事態、いわゆるPISAショックが重なって、平成二十年告示の学習指導要領以降、時代は「伝統的な言語文化」や「読むこと」の指導にカジを切り直した観があります。

このように述べると、「話すこと・聞くこと」の浮き沈みは、基礎的基本的な言語能力と裏腹の関係にあるように思われることでしょう。確かにその要素はあります。

目的が活動すること自体になってしまうむなしさ

けれども、「話すこと・聞くこと」に打ち込んできた先生方までがこの活動から遠のいてしまうのはなぜでしょうか。私は、この要因の一つに「話すこと・聞くこと」の活動で設定されるねらいや評価観に問題があると感じています。どういうことかというと、「話すこと・聞くこと」を中心とした実践になると、**技能の獲得が目的の中心に据えられ、話題や内容への関心が二の次にされてしまう**ことに問題の根があると思うのです。

例えばスピーチという言語活動を計画すると、次のような項目が目的にされます。

①ルールを守り、きちんとした姿勢と聞き取りやすい発声発音に気をつけること。

授業づくりのポイント

・その活動はなんのためにするのかを立ち止まって考えること。
・中身に関心を向けない活動はむなしいと自覚しておくこと。
・本当に身につけたい力は子どもたちに隠しておくこと。

②抑揚をつけたり間を取ったりするなどして、効果的な話し方を工夫すること。
③身振りや手振りなど、ことば以外の伝達要素に気を配ること。

評価もこれと連動しますから、スピーチに臨む先生と子どもたちの関心は、話し方に向かいます。むなしいスピーチです。中身に対する関心の希薄な言語活動など長続きするわけがありません。そして、このむなしさに最初に気づくのは、実は一所懸命に「話すこと・聞くこと」の学びに打ち込んできた先生方なのです。

育てたい力は隠すこと

もとより、「話すこと・聞くこと」の技能を獲得することは、この言語活動にとって重要な教育内容です。問題は、それを前面に出して授業に臨み、子どもたちに活動のための活動を強要してしまうところにあります。そんなやり方では、生きて働くことばの力など育たないのです。

人は、ある活動に夢中になっているとき、この活動でどんな技能を身につけるのかなど、いちいち考えてはいません。関心は、もっぱらその活動で扱っている話題や内容に向かっているはずです。そこで育つ技能こそ本物なのです。

必要にかられて身につけた力は、びっくりするくらい深く定着します。私ごとで恐縮ですが、先年、ロンドンでスリに遭い、深夜、警察に行って英語で説明したとき、そのことを身にしみて実感しました。授業料は高くつきましたが。

評価　言語活動　教師の話法

30

誰の発言か分かるようにしておく。

ネーム・プレートのある教室

小学校の教室に行くと、子どもたちの名前が記されたマグネット製のプレートをしばしば見かけます。授業中、子どもたちに発言を求め、発表された内容を板書したり掲示したりするとき、このネーム・プレートがすぐれた役割を演じてくれます。以前、須坂市立高甫小学校でアーノルド・ローベルの『お手紙』（光村図書・二年下）を読む授業を参観した教室にも、黄色いプレートが二十五枚、黒板の左隅に並んでいました。

授業の最初に、担当の高橋美津子先生からこんな問いが出されました。

「『がまくん』と『かえるくん』が感じたしあわせって同じかな？」

黒板は真ん中から左右に仕切られ、右が「同じ」、左が「同じではない」と分けられています。この問いについて、高橋先生は、子どもたち全員に尋ねていきます。子どもたちが答えると、先生は、答えた子どものネーム・プレートを「同じ」、「同じではない」の場所に貼り付けます。誰がどちらの立場か、一目で分かります。その結果、「同じではない」のところに大半のプレートが並びました。

発言の主体をはっきりさせる

その後、授業は面白い展開を見せます。初めは大半が「同じではない」としたものの、本文からその根拠を探すように促されると、「あれ、変わっちゃった」という声があちこちから上がります。先生は、意見が変わった子はネーム・プレートを移動するので名乗るように伝えます。すると、大半が「同じ」に移動し、支持された立場の比率が逆転してしまいます。誰がどう変化したのかも、ネーム・プレートのおかげで一目瞭然です。

授業づくりのポイント

・黒板に引用した子どもの発言には名前を添えること。
・続く発言には誰にかかわるのかを言わせるようにすること。
・授業のまとめは誰のことばに学んだかを考えさせること。

立場が逆転した後で、いよいよ本文の描写内容を根拠に各自の意見を説明する話し合いが始まります。先生は黒板の上部に子どもたちが根拠にした教材文の描写を、下部にはその描写がなぜ「同じ」、「同じではない」につながるのか説明した内容を、それぞれ書き出していきます。説明部分には、発言した子どものネーム・プレートが貼り付けられます。どの説明が誰から出されたものか、やはり一目瞭然です。

発言の主体がはっきりしたおかげでしょう、話し合いは低学年にありがちな自分対先生という展開にはならず、「○○さんが言ったことに賛成です」とか、「○○さん、もう一回言って下さい」など、互いのことばにかかわる発言が飛び交いました。

誰のことばに学んだかを考えさせる

まとめ段階で、高橋先生は、今日の授業で参考になった友達の名前とその内容をワークシートに書くよう指示します。**誰のどんなことばからどんなことを学んだのか、子どもたちはごく自然に意識する**ようになります。

この知恵で一つだけ、注意事項を添えておきます。私的な内容を文章に記した子どもたちのことばを紹介する際の注意事項です。内容的に、個人名を添えることがはばかられる場合があります。特に学齢が高くなると子どもたちは自分の名が出ることに敏感です。そういう場合は、必要に応じてペンネームなどにして下さい。

31

「他者のことば」を見つける。

「余り」と「六分の一」

大豆を育ててきた小学三年生の学級で言い争いが起きました。穫れた大豆で何を作るかをめぐる言い争いです。味噌を作りたいと主張する和也は、大豆の栽培を提案した中心人物、味噌屋の息子です。これに対して多くの級友たちは、きな粉や豆腐など、味噌以外にいろいろなものを作りたいと主張します。関係が険悪になったきっかけは、和也が「そんなの、味噌を作って余ったらやればいい」と言ったことにあります。「余ったら」ということばにカチンときた級友たちは、「味噌こそ余りで造ればいい」と言い返します。

今や、学級は味噌以外のものを作りたいという雰囲気に包まれ、立場を失った和也は、半べそをかきだします。そのとき、翔太からこんなことばが出ました。

「(味噌作りに分ける大豆の量が全体の)六分の一だったらいいよ」

「六分の一」。算数の時間に習った用語です。「余ったやつ」と言われるよりも、ずっとクールな印象を与えます。翔太の提案を聞いた和也、初めは涙目でしたが、だんだん明るい表情になり、「三分の一ぐらいかな、あの大豆の」と修正提案をしました。そうして、穏やかな交渉の結果、四分の一を味噌作りにあてることでみんなが合意したのです。

「他者のことば」とは

このように、**自分以外の人や媒体から届けられて、自分のものの見方や考え方に新たな要素をもたらしてくれることば**を「他者のことば」と言います。和也は「余ったやつ」という否定的な印象のことばを「◇分の一」という分数概念の用語に置き換えました。それによって、「自分の主張をどう通すか」という問題を「大豆をどの割合で分配すべきか」

授業づくりのポイント

・「他者のことば」の獲得と葛藤に真の学びがあると心得ること。
・教師が直接かかわらない場面での学びに目を向けること。
・子どもたちの間でリレーされることばに注目すること。

という問題に置き換えたのです。このように、「他者のことば」を受け入れ、自分のことばとして使う際には、これまでの考え方を捨てたり修正したりしなければなりません。そこには少なからず葛藤が生じます。この葛藤こそ、真の学びなのです。

「他者のことば」をもたらす四つの場

「他者のことば」は次の四つの場から届けられます。

①教科書教材など、全員が共有する対象で学ぶ場面。
②教師がその子に対して個人的に示唆したり助言したりする場面。
③級友の文章に触れたり級友と話し合ったりする場面。
④自分で見つけてきた文章や自分の生活におけるコミュニケーション場面。

このうち、教師が責任を持って扱うことのできるのは①と②に限られます。和也の場合は③の場面から届けられているため、事前に教師が把握して使うことはできません。けれどもこのような「他者のことば」は、子どもたちの学びをとらえる上できわめて大切な要素です。

授業の中でどのような「他者のことば」が働いているかは、**子どもたちの間でリレーされている語彙**に注目すると浮かび上がってきます。「他者のことば」を直観したら、それがどのように働いているのか注意深く観察して下さい。いつの間にか、授業の深層が見えてくるようになります。

グループに配布する資料は一つ。

マフィン作りの授業にて

【知恵24】で紹介したイギリスのロックザム小学校を二〇〇九年に訪問し、四年生のクラスを参観したときのことです。一時間目の授業は「算数」。六十分かけて行われます。「算数」なのに、教室にはミルクや小麦粉、卵や砂糖、それからさまざまな計量器具や調理器具が置いてあります。グループでマフィンを作り、コンテストを行うとのこと。

まるで家庭科の授業のようですが、実は計量単位についての学びなのです。

担任のロジャー先生は、木の棒がたくさん入った缶を取り出し、無作為に一本ずつ引きます。棒の先には子どもたちの名前が一人一人記されており、引いた名前が呼ばれます。三～四人ぐらい呼ばれると、それでグループになるようロジャー先生から指示が出されます。子どもたちは、喜んだり微妙な表情になったりしています。そうしてグループ分けが終わると、ロジャー先生は今日の活動要領だと言って、グループに一枚ずつ紙を渡しました。グループに分かれた子どもたちは、配られた紙をみんなで読み合わせながら、マフィン作りに取りかかります。そう、その紙にはマフィンの作り方が書いてあるのです。

かかわらざるを得ない場を作る

子どもたちがわいわいやっている最中、私はロジャー先生にこう質問しました。

「活動要領の紙を、個別にではなくグループに一枚だけ配っていたけれど、これには何か特別なねらいがあるのですか？」

ロジャー先生の答えはこうです。

「グループに一枚しかないと、みんなで顔をつきあわせて読むことになります。すると

授業づくりのポイント

・グループ学習の人数は四人程度で構成すること。
・活動要領は予め教師がやってみて作成すること。【知恵28】
・グループのメンバーは頻繁に入れ替えること。

子どもたちは自然に話し合うきっかけを持つことになるんです」

なるほどと、再び感心してしまいました。ついでに、「グループのメンバーは、毎回変えるんですか」と尋ねると、「そうです。いろんな人と人間関係を作ることが大事ですから」とにこにこして説明してくれました。さまざまな人とかかわらざるを得ない場を、ごく自然に提供しているわけです。

体験を伴う活動から本物の活動要領が生まれる

マフィンの仕込みで算数の時間が終わり、オーブンで焼いている間に、次の「英語」の授業が始まりました。子どもたちには、今しがた作ったマフィンのレシピを、初めてこれを作る人でも分かるように書きなさいという指示が出されます。

ロジャー先生の例示を参考にして、各自が机でレシピを書き始めます。「不思議なマフィン」とか、「楽しいマフィン」といったネーミングで書き始めたレシピを覗いて、私はこれで三度目の感嘆の声を上げてしまいました。レシピの初めには、こう書かれていたのです。

「最初に水道のところに行って手を洗いましょう」

活動要領をグループで一枚にすることの本当の意味が、ようやく分かりました。あらゆる活動の要領は、**紙ではなく体験を通して身体で理解するもの**なのです。そこには頭では気づかない知恵が、たくさん埋め込まれているのです。

評価　言語活動　教師の話法

33

心落ち着かない学級ではしみじみと読んで聞かせる。

二年生の危機

中学も高校も、二年生というのは非常に難しい学年です。一年生のように「うぶ」ではないし、三年生のように「その先」が差し迫ってもいない。文字通り、学校の中核となるべき学年であると同時に、不安定になりやすい時期でもあります。この時期に心の落ち着かない子どもが目立って出現するのは無理からぬ気もします。

心の落ち着かない子が徒党を組むと、しばしば教室は荒廃します。自己中心的な言動をはばからない子どもたちが教室に何人もいると、授業中に立ち歩いたり授業と関係のないおしゃべりに興じたり、何を働きかけてもやらなかったりといった姿が同時多発的に発生します。教師の指導はさながらもぐら叩きゲームの観を呈します。本当に疲れます。

やぶれかぶれの妙案

高校教師になりたての頃、そうした心の落ち着かない二年生が何人もいる学級で「現代文」の授業を担当しました。授業中に放浪する、私語をやめない、教科書を持ってこない生徒がそこら中にいる中で授業を進めるのは、やっかいな作業でした。いつまでこの状態が続くのかと思うとうんざりし、彼らを憎くさえ思いました。あまりに静まらないので握り拳で黒板や教卓を叩きつけ、「いい加減に黙れ」などと叫んだことも一度ならずあります。それでよい関係が築けるはずもないのに……。

あるとき、そんな学級を相手に、中島敦の『山月記』を扱うことになりました。生徒が静まらないことはあきらめていました。やぶれかぶれで、この際、作品の冒頭から丁寧に朗読することにしました。騒然としていようがいまいがお構いなく、全文を一気にです。

授業づくりのポイント

- 荒れた学級であっても子どもたちを決して憎まないこと。
- 子どもの人格育成には根気が必要だと心得ること。
- 読み聞かせに適した発声や発音をトレーニングすること。

全文朗読には、優に三十分近くかかります。耳を傾けてくれる子が一人でもいたらそれでいい、しみじみ聞かせてやろうと、自宅で練習しました。即興詩の部分は、詩吟を習っていた亡父に相談して、我流の節をつけました。「李徴」が行方不明になるあたりまでそらんじるほどに練習を重ね、あきらめ顔で教壇に立ったのです。

成長したいと思わない人間は一人もいない

いつもの心落ち着かない教室で、朗読が始まりました。最初は孤軍奮闘です。

騒然とした教室で朗読を始めて、どのくらい経った頃でしょう。気がつくと、教室がしーんとしています。いつも立ち歩く丈治まで、隣の子の教科書をのぞき込んで、じっと聴いています。そうして、最後の部分を読み終わって彼らを見回すと、数名の女子が涙を浮かべているのでした。

私はそのとき、これまで自分が彼らに抱いてきた感情を深く恥じました。**「自ら学びたくない、成長したくない人間など一人もいない」**。大村はま先生がおっしゃっていたことばの意味を、初めて実感した瞬間でした。心が落ち着かない日常に一番悩まされていたのは、実は彼ら自身だったのです――。

その後も、例の学級では難しい状況が何度か発生しました。けれども新しい作品に出会うたびに、彼らは口を揃えてこう言うようになったのです。その間は静かに充実していました。

「先生、また読んで聞かせてよ」

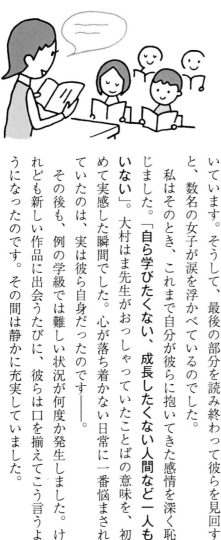

34 二人一組で学ばせる。

学びの相棒

イギリスの小学校では、ラーニング・パートナーと呼ばれる学びが広く行われています。文字通り、「学びの相棒」制度です。例えば「理科」の実験をするとき、物語を創作するとき、校庭で運動するとき、算数の問題を解くときなど、二人一組で同じ課題に取り組むように促されます。そうすることで、互いに協力して問題解決をする姿勢を養い、ひいては、自分で課題に向かう際の勇気と自信を手に入れるのです。

前から紹介しているロックザム小学校では、このラーニング・パートナーの一つとして学年の異なる子どもを組にした学びが行われています。例えば【知恵32】で紹介したロジャー先生の学級では、午後の「理科」の授業で三年生と四年生とが一緒になり、それぞれ二人一組になって実験を行っていました。実験とは、フクロウのペリット（消化しきれなくて吐き出したもの）から、ネズミやリスの骨を拾い集めて骨格標本を作るというものでした。三年生と四年生のペアが、黒いゴミのかたまりみたいなペリットからピンセットで小さな骨を拾い出し、黒い紙に並べていきます。子どもたちの愛くるしい様子と、彼らが夢中でやっている内容とのギャップが愉快で、いまだに忘れられません（笑）。

自分を知り、友を知り、そして世の中を知る

ラーニング・パートナーで展開する学びには、いくつもの効用が指摘されています。まず第一に、**自分がどういうものの見方や考え方をしているか、客観的に分かる**ようになります。パートナーに自分の考えを聞いてもらい、それに対する相手の反応を知ることによって、自分の独自性に気づきます。

授業づくりのポイント

・パートナーと学ぶ意義を説明できるようにしておくこと。
・二人で取り組める問題解決的な課題を集めておくこと。
・パートナーはなるべく遠い関係にある人を選ぶこと。

第二に、パートナーがどういうものの見方や考え方をしているのかに関心を持ち、**他者のことばに耳を傾ける姿勢**を育みます。パートナー同士で共有されることばに注目させて下さい。互いの相違点や共通点を検討するには、検討する際の基準として用いられることば（例えば「面白さ」とか「分かりやすさ」とか「適切さ」）が同じ意味内容で理解されている必要があります。このようなことばをたくさん獲得することによって、人は不特定多数を相手にことばをかわす自信を得ていきます。

第三は、**協力して何かを作ったり決めたりする態度と能力**を育みます。世の中は、さまざまなルールと契約で成り立っています。ラーニング・パートナーは、そうしたルールや契約を子どもたちが自ら設計して実行する最小単位の場として機能します。譲り合ったり助け合ったりして課題を追究する経験も、またとない世の中の学びです。

パートナーは猫の目のように

できるだけたくさんの級友とパートナーを組ませて下さい。同じ学級の仲間だけでは物足りません。ロックザム小学校のように、異なる学年とパートナーシップを結び、学年差のあるペアで学びを展開することも有意義です。ときには授業参観日等を利用して、訪れた大人をパートナーに学びを企画するのも楽しいでしょう。こうした異年齢との学びは、子どもたちのことばを洗練されたものにしてくれます。

評価　**言語活動**　教師の話法

35

黒板とワークシートは脳の中の構造図と同じ。

黒板とワークシートがずれるとどうなるか

授業でよく配布されるワークシート。よくできているシートは一時間の学びで何をどう考えればよいか、一目で分かります。一方、あまりよく練られていないワークシートは、学びのじゃまになってしまうことも珍しくありません。特に、黒板（いずれは電子黒板になるでしょうが、この知恵にとっては結構なことです）の構成とワークシートのそれとが合わないと、学びは混乱をきたします。例えば、黒板には縦書きで記されているのに、ワークシートでは横書きで書くようになっているとか、黒板には表や図の中に書き込まれているのに、ワークシートでは箇条書きになっているといったものです。子どもたちは、手元のワークシートや黒板がどういう作りになっているかを見て、自分の頭の中にも同じような思考の枠組みを描いていきます。そのため、両者の構造がずれてしまうと、頭の中に描くべき図がぐちゃぐちゃになり、学びの足を引っ張ってしまうのです。

以下、代表的な構造を、それに見合う学びの内容に応じて三つ示します。

並べたり続けたりする学びには矢印

出来事の順序や推移を記述したり、段階を追って作業を進行させる場合には、流れの数に応じて作成したマスを矢印でつなぎます。入門期であればマスを矢印でつないでおき、どういう内容がマスの中に入るのかを考えさせましょう。学年段階が上がってきたら、マスの数や矢印のつけ方それ自体を子どもたちに工夫させます。さまざまな学力の子が混在していたら、難易度の異なるシートを幾つか用意して、子ども自身に選ばせます。**選択権を子どもに与えると、彼らは自分の自由と責任において選ぶ**ようになります。

授業づくりのポイント

・順序や展開の学びは流れ図を基本にすること。
・比較や分類の学びはマトリックス表を基本にすること。
・系統や関係の学びはマップを基本にすること。

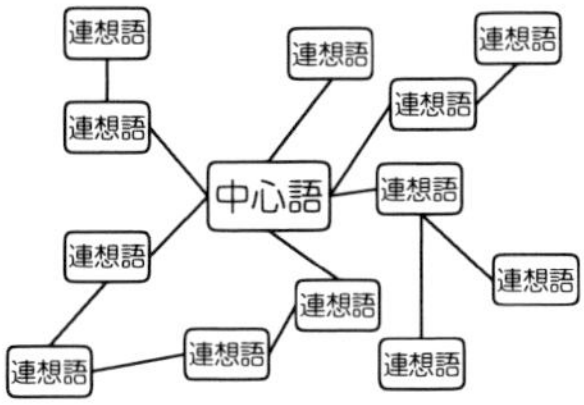

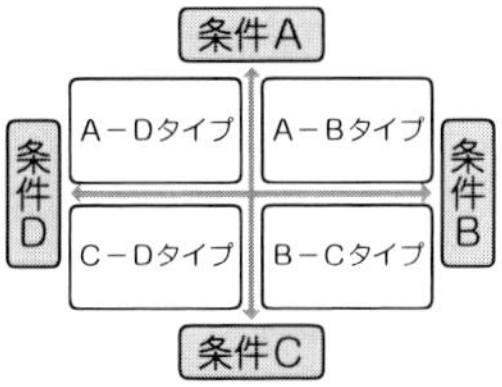

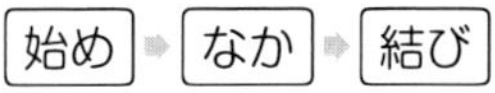

比べたり分けたりする学びにはマトリックス

対照的な二つの要素を比較したり、たくさんある情報を分類したりする場合には、縦横にマス目を引き、行の左端と列の一番上に項目名を入れて作成した表（マトリックス）を用いるのが最も適切です。列か行のどちらかに要素や情報の名前を入れたら、もう一方に比べたり分類したりする項目名を入れてマトリックス表を作成します。中身は何を学ぶかに応じていくらでも難易度を調整できます。

広げたりつなげたりする学びにはマップ

複雑な要素や情報群がどのような系統性を持っているか整理したり、関係を把握したりする場合には、マップやベン図（円の重なりで集合関係を表す図）が有効です。マップは、たくさんの要素や情報を書き込む枠（ノード）と、それをつなぐ線（リンク）とで構成されます。要素間の系統を見る場合は、中心の枠に系統性のおおもとになる事項を書き込み、そこから枝分かれをするように線が広がって、関係する要素をつないでいきます。網の目のような関係を見る場合は、枠と枠の間にさまざまな線が引かれます。しかし、基本は枠を関係線でつなぐという作業です。

評価　言語活動　教師の話法

36

段落構成や論理展開を読む学びは「書くこと」と連動させる。

説明的文章を読む学びの難問

国語教科書には、自然、環境、社会、文化、生命等について書かれた説明的文章がたくさん掲載されています。これらの文章に示された内容の読解を「国語」として行おうとすると、しばしばこんな質問を受けます。「今の授業は『国語』ですか『理科』ですか？」

このような質問を受けないように、学びの対象を段落分けや要約の作法、接続詞や指示語の働きなどに絞り、段落構成や論理展開を読みとることを目標に据えたりします。けれども、どこの世間にそんなことを読みとってもらうために説明的文章を書こうとする筆者がいるでしょうか。このような授業はたいがい味気なくて、品詞分解に終始する古典作品の読みの授業と同じく、子どもたちの学習意欲を損ないます。

内容を重視すれば「社会」や「理科」の授業だと揶揄され、形式を重視すればつまらない授業だと誹られる。ここに、説明的文章を読む学びの難問があります。

説明的文章には二人の「筆者」がいる

「国語」の時間に読む説明的文章には、少なくとも二人の「筆者」がいます。

第一は、**その道の専門家としての「筆者」**です。この「筆者」からのメッセージをきちんと読もうとすれば、教科の枠組みを越えた専門知が必要になります。先の難問で示した前者は、この「筆者」に向かおうとしたときに発生します。

第二は、**その説明的文章を国語科の教材として取り上げた「筆者」**です。これが段落構成や論理展開を読みとらせようとする「筆者」にあたります。もちろん、その文章を書いた実在の人物ではありません。教材としてこれを取り上げた教師の中に想定され、教科の

授業づくりのポイント

・説明的文章の題名にちなんだ書くことの課題を選ぶこと。
・書くことの学びを始めに設定して動機づけをはかること。
・説明的文章を自分が書くための参考資料だと思わせること。

指導内容が付託された「筆者」です。先の難問の後者は、この「筆者」に向かおうして生じる問題です。これら二人の「筆者」がうまくつながれば、子どもたちは専門分野の内容に触れながら、まぎれもなく国語科の学びを実現できるはずです。

第三の「筆者」が難問をクリアする

右の二人の「筆者」を結ぶ第三の「筆者」、それは、メッセージを文章にして読者に届けようとした**専門家であり表現者でもある「筆者」**です。この「筆者」は第一と第二の真ん中に位置します。すなわち、どうすれば自分の専門分野の話が興味深く伝わるだろうと考えながら、子どもたちに向けて文章を記した人物です。この第三の「筆者」と向かい合う読みこそ、当初の難問をクリアする道です。問題は、いかにすれば子どもたちがこの第三の「筆者」と向かい合うことができるかということにあります。

いろいろと試した結果、私は「書くこと」の学びと連動させるのが一番だという結論に達しました。例えば、子どもたちを探偵に見立て、この説明的文章の「筆者」はどういう人物か推理して報告書を作成するように指示して下さい。手がかりはこれから読む説明的文章の中に求めます。どんな性格か、何歳かなど、本文から推理して書き出すのです。教室は沸きます。BGMとして探偵ドラマやアニメの主題歌を流しましょう。

説明的文章の読みに入る前に、本文の段落構成や論理展開に倣うことのできる作文課題（「○○の不思議」とか「○○の起源を探る」等）を出すのも一案です。子どもたちは自分が書くための参考資料として説明的文章を読み、その書き方や言い回しを知ることになります。こうして、第三の「筆者」との対話が成立するのです。

評価　**言語活動**　教師の話法

37

書く気になるまで書かせない。

話せても書けない子がいる

子どもたちの中に、こういう子はいませんか。口頭で話す分にはあれこれとなめらかに述べることができるのに、いざ書かせてみるとなかなか鉛筆が動かない子。反対に、発言させようとすると口ごもってしまうけれど、書かせればそれなりに自分の考えを示すことのできる子。後者の子は安易に物が言えないから口が重いわけで、いずれ話しことばによる意見発表も堂々とできるようになりますから、あまり心配はいりません。問題は、口頭ではあれこれと発言できるのに、まとまった文章が書けない子です。このような子に授業の始めから自分の考えを書く活動を求めると、ますます書けない自分に苦しみ、気をつけないと話しことばで語り合う自信さえ失っていきます。

書けない子にはわけがある

自分の考えや解釈をなめらかに文章にできない子には、それなりの「わけ」があります。いくつか挙げてみます。

①文字で表記すること自体に能力的な問題をかかえている。
②今ここにいない相手にメッセージを送るという状況が認知できない。
③どのようなことば遣い、構成、順序で書けばよいのかが分からない。
④課題に対する考えや解釈等を文章にするところまで思考が整っていない。

書けない子のいる教室でまとまった文章を書かせるとき、まずすべきことは、その子が書けないあるいは書かないでいる様子を観察し、**どうして書けない・書かないのかを推測すること**です。右のどれにあてはまるのかによって、教師が打つべき手は異なってくるか

授業づくりのポイント

- 話すのは慣れているのに書けない子どもに注意すること。
- どう書かせるかの前にどうして書けないのか観察すること。
- 身体感覚を伴う経験や実生活とのつながりを持たせること。

らです。ただしどの場合においても、無理に書かせようとはしないで下さい。身体的なハンディによるものでない限り、子どもたちはいずれ書くようになります。大切なのは、それを自分の力で能動的に実現することにあります。

書く気になるための一手間

前に挙げた書けない「わけ」のうち、②は宛名のはっきりしない文章を書くときに観察されます。この場合、設定が手紙のような私信であれば、話しことば調の文体で書き進めることができます。有名な「先生あのね……」作文は、この「わけ」で悩む子どもに有効です。高学年でも、読み手意識は常に持つことができるように配慮して下さい。

③については【知恵36】で示した実践を参考にして下さい。もちろん、書くことをせかしてはなりません。

④については、身体感覚を伴う取材・着想の経験を持たせて下さい。例えば低学年の学級で物語・小説を読んだら、作品にちなんだ「ごっこ遊び」や劇をしたりして作品を全身で経験してから感想文に取り組むのも一案です。調査報告レポートや小論文も、自ら調べることに十分な時間を取って下さい。経験が積み重なり、内容が充実すると、子どもたちはそれを書いて残したくなります。そのとき一番難しいのは、実は**書かせないで待つ根気**を、先生自身が持ち続けることかもしれません。

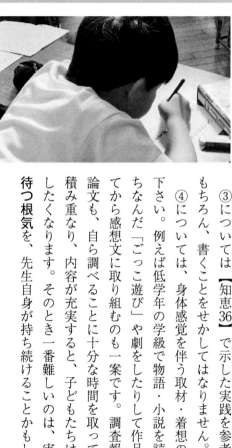

38

「指示《instruction》」か「示唆《suggestion》」か「提案《asking》」かで子どもの選択権が変わることを知る。

「指示」がきっかけとなった事件

あのロックザム小学校で起きた事件です。ある日の午後、五年生のデレクが怒り狂ってトイレに立てこもってしまいました。落ち着かせて事情を聴いたところ、出張で不在の担任に代わって来てくれたN先生から不当な扱いを受けたとのこと。発端は授業の終わり頃、課題が終わって自分の好きなノート作りをしようとしていたデレクに、N先生が「来週の授業で使うレシピを書き写しなさい」と指示したことにあります。デレクがそんな作業は無駄だと言うと、N先生はヒステリックな口調で、先ほどの指示を強制したらしいのです。それで両者言い合いになり、短気なデレクは激高して教室を飛び出したのでした。

デレクと面談したアリソン校長は、激情による行動が社会的にいかに同意されないものであるかを穏やかに説いた後、彼の不満に耳を傾けます。彼は、自分の行動が軽率であったことは冷静に反省しました。しかし、その種をまいたのは、デレクの考えに耳を貸さずに、一方的な「指示」を押しつけてきたN先生にあると言って譲りませんでした。

「示唆」がみちびいた解決への光

アリソン校長と担任のジョー先生は、デレクの事件には非常に繊細な問題があることを自覚していました。というのも、彼が自分の正当性を主張した背景には、おそらく子どもの意思決定を尊重してきたロックザム小学校の取り組みがあるからです。先生方は深く考えました。そして、アリソン校長からこんな解決策が「示唆」されました。

「デレクに、一度先生役をやってみるように働きかけたらどうかしら」

デレクは詩のレトリックに詳しいことで有名でした。そこで、彼に「詩」を素材にした

授業づくりのポイント

・選択の余地なく行わせるべきことがらは「指示」すること。
・子どもに選択の余地を与えるべきことがらは「示唆」すること。
・子どが独自の選択をしてもよいことがらは「提案」すること。

授業を担当させ、教師の視座から教室というコミュニティを考える機会にしようと考えたのでした。もちろんこれは、デレクが喜んで引き受ければの話ですが、校長先生たちには、きっと彼はこのアイデアを受け入れるだろうという確信がありました。

案の定、デレクは大喜びでこの「示唆」を聴き、先生役を引き受けたのです。

「依頼」という謙虚さが子どもの自律的な学びを促進する

デレクの授業が始まりました。彼は、全員にいくつかの詩を紹介し、自分で詩を創作する活動を指示しました。アリソン校長は、そこに「生徒」として参加しました。

授業の後半、校長先生は、この前の事件と似た状況を作ってデレクに問いかけます。

「デレク先生、私はもう詩を作り終わりました。後は何をすればいいですか?」

すると、デレクはこう答えます。

「では、もう一つか二つ、新しい詩を作ってもらえませんか?」

それは「指示」でも「示唆」でもありませんでした。「提案」だったのです。

一連のこの出来事から見えること。それは、教師が子どもたちに何かをさせるとき、その強さに応じて「指示」と「示唆」と「提案」とがあるということです。この三つの順で、子どもたちの自律性が表に出てきます。もちろんそれは、何をしても勝手ということではありません。「指示」から「示唆」、そして「提案」へと進む順で強くなっていくのは、**子どもの任せの度合いではなく、「子どもの選択権」**なのです。

教師役を見事に務めた後、デレクはアリソン校長との面談で、こう言っています。

「僕たちの学びには自由が必要です。それは、選べるという自由です。」

話しことばと書きことばの違いを「ことばの働き」としてとらえる。

「話しことば」と「書きことば」の本質的な違いはどこにあるか

「話しことば」と「書きことば」の違いを尋ねられて、「音声で伝えるか文字で伝えるかの違い」と答えるのは早計です。例えばラジオのニュースでアナウンサーが伝える内容は文字で書かれた原稿です。この場合、音声で伝えていても、その内容は書きことばです。一方、スマートフォンなどの通信機能を使って特定の人同士で交わされるメッセージは、見た目こそ書きことばでも、中身は日常会話とあまり変わりません。

このように見ると、音声か文字かという違いは、確かに「話しことば」と「書きことば」の特徴を大きくかたち作ってはいますが、それが両者の本質的な差異とは限らないことに気づきます。それでは両者の本質的な違いはどうとらえればよいのでしょうか。

この問題について、私は、「ことばの働き」という観点から次のように考えています。

	話しことば	書きことば
場面とのかかわり	特定の場面の文脈に影響される。	場面の文脈に影響されない。
ことばの組み立て	相手の反応に応じて、ことばを省いたり、繰り返したり、指示語でやりとりしたりする。	主述の関係や指示語が指し示すことばをはっきりさせ、筋道を立てて述べなければならない。
意味の伝わり方	互いにことばを補ったり修正したりしながら、かかわる主体の間で伝えたい意味内容を合意する。	発信者が用いたことばを手がかりにして、伝えようとする意味を受信する人が解読する。
関連する専門用語	一次的言葉、直接的対話	二次的言葉、間接的対話

授業づくりのポイント

・ことばの働きという観点から言語活動を見ること。
・「話しことば」の学びでは書く活動は最小限にすること。
・「話しことば」の評価は活動前後の変化を見ること。

「話しことば」の中にある「書きことば」

例えば、スピーチをする言語活動は「話しことば」の学びです。しかしそれが書かれた原稿を読み上げるものであったり、聞き手の反応を知ることができない場におけるものであったりすれば、そこで扱われることばは「書きことば」として見なければなりません。「書きことば」の要素が入り込んでいるのに気づかないで「話しことば」の学びを進めてしまうと、前に示した働きに応じた学びにはなりません。

「話しことば」の学びではできるだけ書かせない

「話しことば」の学びで大切なことは、子どもたちが自分のことばが相手にどう伝わろうとしているのか、相手は何を伝えようとしているのかを**協力して追究する姿勢を育てる**ことです。「話しことば」はきわめて状況的で、このように言えば万全だという「答え」はありません。そのため、今ここで行われた「話しことば」の言語活動が上手だったからといって、安易に採点することはできないのです。

「話しことば」の評価は、言語活動そのものに対してではなく、言語活動の前後で何につまずき、何に気づいたのかを問題にして下さい。その際、書かせる活動はできるだけ控えます。ＶＴＲなどをもとに映像記録を振り返るのが効果的です。評価の根拠がほしいからといって書かせすぎると、「話しことば」としての学びが損なわれてしまいます。

評価　言語活動　教師の話法

40

「充実した沈黙」の時間を大切にする。

活発に意見の出た授業はよい授業か

小学校のある学級で、「ペットとして飼うなら犬がよいか猫がよいか」というテーマで討論ゲームが行われました。子どもたちの座席は教壇に向かってコの字型になっており、向かい合う列を犬派と猫派の討論者席に、教室後方の列を陪審員席に見立てて始まりました。討論者の双方から次々と手が挙がり、活発に意見が出されます。議論が白熱してきたところで、先生は陪審員からの「質問」を受け付ける時間を設け、両派の討論を聴いていた子どもたちに発言を求めます。陪審員役の子どもたちは待ちきれないといった様子で手を挙げ、質問というより自分がどちらの立場を支持しているかを口々に表明します。これに討論者の子どもたちが反応し、授業はさながら全員討論の様相を呈しました。

授業終了時、担当した先生は明るい笑顔で子どもたちにこう言いました。

「今日はたくさん意見が出て、考えが深まりましたね」

別の小学校で、「差別の心はなぜ生まれるのか」というテーマで話し合いが行われました。ある事例をもとに始まった話し合いですが、子どもたちの口は重く、誰かがつっかえながら自分の考えを述べると、張り詰めるような沈黙があり、次の子がまたぽつりぽつりと体験談を語ると、再び長い沈黙。参観者の多くが期待していた、活発に発言するという雰囲気からはほど遠い話し合いになってしまいました。

けれども授業の終わりに、先生は教室全体を見回してこう言いました。

「今日は、皆さん、本当に真剣に考えましたね」

果たして、どちらの授業が充実した学びと言えるでしょうか。

授業づくりのポイント

- 盛んに発言のあることがよい学びの姿と短絡しないこと。
- 深く考えるときほどことばは滑らかさを失うと心得ること。
- 発表者は「他者のことば」の提供者であると認識すること。

思考が深まるほど口は重くなる

人がことばを発するとき、大別して三つの要素に力点をおくと考えられています。三つとは、①正しいことば遣い、②滑らかな話しぶり、③話の中身です。

専門研究によると、ことばを発している最中、人は三つの要素におく力点を均等にすることができません。例えば、込み入った思考をどう伝えようか苦心している人は③に意識が集中します。そのとき、文法的に正しい表現であるか（①）とか、流暢な話し方になっているか（②）という要素に同じ力をかけることはできないのです。

つまり、**人は思考が深まるほど、口を突いて出ることばはたどたどしくなり、やがては沈黙せざるを得なくなってくる**のです。そういう沈黙を「充実した沈黙」と言います。

「話し合い」で本当に学ぶ場面は聞き手になったとき

授業で発言している子どもは、「情報提供者」として活動しています。もちろんこれも大切な学びです。ただし、話している間、当の子ども自身は「他者のことば」【知恵31】を発信することに努めていますので、その子自身が思考を深めている余裕はありません。実はこのとき、最も学んでいるのは、その子のことばに耳を傾けている級友なのです。真剣なまなざしで級友の発言を聴く立場になったとき、子どもたちは充実した沈黙を経験することができるのです。

評価　言語活動　教師の話法

41 抽象的な問題は具体的な経験に。具体的な事例は抽象的な論理に。

二つの心理実験

心理学の世界でよく知られた実験です。テーブルの上に四枚のカードがあります。カードの表にはアルファベット一文字、裏には数字が記してあります。テーブル上のカードは、見えている面が［A］、［H］、［4］、［7］となっています。

さて、ここでこんな条件が示されます。「母音が記されたカードの裏には、必ず偶数が記されている」。この条件が正しく守られていることを確かめる上で、絶対に裏返してみなければならないカードを指示して下さい。一枚かもしれませんし全部かもしれません。

誰でも［A］を裏返す必要性には気づきます。しかし、それで十分かというと、多くの人が悩んでしまいます。ちなみに、これまで私が高校生以上の人々を相手に実験してきた手応えから言うと、百人中五人以下しか正解することができません。

もう一つ、実験を紹介します。やはり同じように四枚のカードがあり、ある条件が正しいかどうかを確かめるというものです。今度のカードは、居酒屋で注文を受けた店員が、伝票の表に飲み物の名前、裏に注文した客の年齢を記したという設定です。見えているのは、［ビール］、［ジュース］、［25歳］、［18歳］です。確かめるべき条件はこうです。「この店では『お酒は二十歳になってから』という法令が守られている」

こちらの実験は、大半の人が正解します。そう、［ビール］と［18歳］ですね。しかしながら、この実験も冒頭の実験も、求められている思考は同じです。論理学的に言うと「対偶（AならばB＝BでなければAでない）」の論理が働くかどうかの実験です。

この二つの実験からうかがわれるように、私たちは、抽象的な問題であっても、それを

授業づくりのポイント

・観念的な思考でつまずきかけたら具体例を考えること。
・具体的な話に堂々巡りしかけたら「つまり？」と問うこと。
・「しかし」と「もしも」で思考を深め広げること。

日常生活場面で経験していることに置き換えてもらうと、把握しやすくなります。

本質を見抜くためのことば

とはいえ、抽象的な問題を常に具体的な経験に置き換えているだけでは、物事の本質を見抜く目が育ちません。特に、抽象的な問題が具体的・具象的な事例として比喩的に示されている場合、そこにどういう論理があるのかを見抜く力は、未知の事例に対応する力として、社会生活をよりよく生きるために必要です。

この力を育てる大変興味深い実践に、甲斐利恵子先生（港区立赤坂中学校）による漫画『ブッダとシッタカブッダ』を用いた授業があります。小ブタを主人公にした四コマ漫画（中身は哲学的思考です）を子どもたちが読み、漫画が言おうとしたことはなんなのかを考え、**「つまり……」で始まる文にして説明する**という学びでした。シンプルですが、具体的な経験が抽象的な論理に変換される思考がごく自然に促される、見事な実践です。ある話題について子どもたちに具体的な体験談を紹介させ、「つまりみんなの体験に共通するのは何か」と尋ねる活動は、誰でもできます。

ゆさぶりをかけて

具体と抽象とがバランスよく行き交う学びを心がける一方で、教師は、子どもたちの状況に応じて「しかし」や「もしも」などの語彙も用いて下さい。「しかし」は批判的思考を促し、「もしも」は想像的思考を刺激します。これらを用いてゆさぶりをかけると、子どもたちの思考はより深まり、また広がります。

※冒頭の実験の正解：A と 7

評価　言語活動　教師の話法

42 同じ見解同士は相違点を、違う見解同士は共通点を考える。

近うて遠きもの

近いようで遠い関係にあるものが世の中には珍しくないことは、『枕草子』の時代から指摘されている知恵です。ある問いに対してAさんもBさんも同じ見解を示しているのに、その見解に至る根拠や論理が異なるという事態もその一つです。

例えば、中学一年の国語教科書に採録されているヘルマン・ヘッセの『少年の日の思い出』を読んで、「僕」が自分のチョウの標本を粉々につぶそうとした心情をどう読むかと尋ねると、「自分を罰する思い」と答える子どもが何人もいます。このとき、「僕」は自分のどういうことを罰したのか問いを重ねてみると、「僕」が盗みを働いたことを指摘する子だけではありません。取り返しのつかない過ちを犯したこと、自己の未熟さや愚かさ、情熱をかけていた対象を汚してしまったことなどを指摘する子がいて、同じことばで示された心情把握の背景に、かなり違った文脈のあることが分かります。

授業では、それらの文脈をどう切り結ぶことが適切か、話し合わせて下さい。そうすると、Aさんの言う「自己罰」とBさんの言う「自己罰」が異なる読みにもとづいていることが明らかになり、作品の多義性が垣間見えてきます。

遠くて近きもの

遠いようで近い関係にあるものが世の中には珍しくないことも、『枕草子』の時代から指摘されている知恵です。ある問いに対してAさんとBさんは異なる見解を示しているのに、その見解に至る根拠や論理には共通点があるという事態もその一つです。

例えば、先ほど紹介した『少年の日の思い出』を読んで、「僕」が自分のチョウの標本

授業づくりのポイント

- 話し合いの場を設けること。
- 「同じです」と言う者には自分のことばで説明させること。
- 解釈の分岐点と接合点に注意して教材分析をしておくこと。

を粉々につぶそうとした心情をどう読むかという問題には、「自分を罰する思い」の他、「むなしさ」、「絶望感」など、異なる見解が示されます。このとき、本文のどこを根拠にしたのか、さらに問いを重ねてみると、異なる場所が指摘されるとは限りません。「……一度起きたことは、もう償いのできない」などの描写が指摘され、異なることばで示された心情把握の背景に、実は共通した文脈のあることが分かります。

　授業では、それらの文脈をどう切り結ぶことが適切なのか、やはり話し合わせて下さい。そうすると、Aさんの言う「むなしさ」とBさんの言う「絶望感」の背後に、これらを包む心情のあることが察せられ、作品の普遍性が垣間見えてきます。

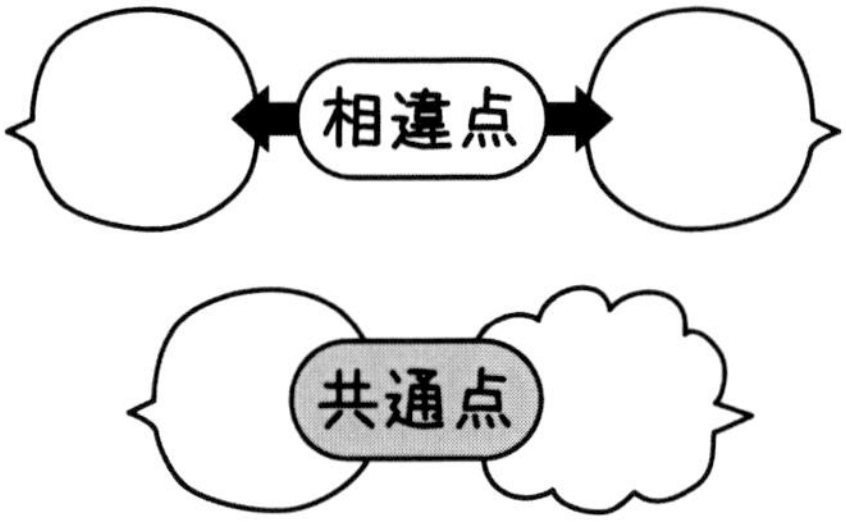

分かれ目と合わせ目に注目する

　授業の学びは、一人ではなしえない交流の実現によって独自の価値を発揮します。交流の際に大切なのは、**立場や見解、根拠や論理が対等に分かれるポイント**、すなわち分かれ目の存在です。子どもたちは、分かれ目で立ち止まり、互いの違いに気づきつつ、どこに行けばよいか思案することになるからです。

　ただし、その分かれ目がより質の高い思考や議論を促すように働くためには、どういう立場や論理であれ、**この点については同じだというポイント**、すなわち合わせ目の存在が必要となります。合わせ目があるから、子どもたちは異なる要素をかかわらせることができるのです。

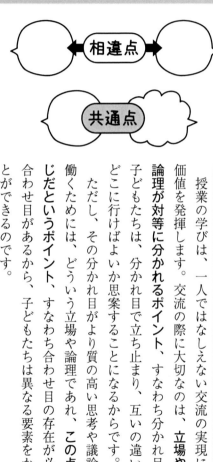

43

AとBに分けるのではなく AとAでないものに分ける。

AとBに分ける作業の落とし穴

「中学校のお昼は給食がよいか弁当がよいか」、「老夫婦がペットにするなら犬がよいか猫がよいか」といった論題で子どもたちを二つの立場に分け、討論やディベートをする教室をしばしば見かけます。いかにも論争的な議論を誘発しそうな論題に見えますが、事象をAかBの二項に分ける論題は、討論やディベートにふさわしくありません。

なぜなら、この型の論題では、**CやDの立場が無視されている**からです。このような問題から、討議やパネルディスカッションの意義が指摘されています。討議やパネルディスカッションは、取り上げられた立場の優劣を判断するのではなく、異なる立場をより高い次元でまとめる見解を展望する話し合いです。だから、AかBか型で議論しても問題ありません。ただし、このような議論をきちんと行うことは、大人の世界でも至難の業です。

討論やディベートでAかBか型の論題が成立するのは、そのことに関してはAかBのどちらかしか選べない（どちらでもないは許されません）場合に限られます。典型的な例で言えば、「平均寿命の長いのは男か女か」といった論題です。しかし、AかBしか選びようがない論題は、調べればすぐに結論が出てしまうか水掛け論でどこまでも平行線かのどちらかを導くことが多く、実のある結論を得ることはめったにありません。

Aという立場を肯定できるかと問う

「中学校のお昼は弁当がよい」、「老夫婦がペットにするなら犬に限る」。冒頭の論題を討論やディベートで行うのなら、論題はこのように示すべきです。提示されている立場は一つですので、一見すると視野の狭い論題に感じられます。しかし、この論題に反対する立

授業づくりのポイント

・討論やディベートの論題を「AかBか」にしないこと。
・「Aでない」立場は無限にあることを心得ておくこと。
・分類の基本はAかAでないかに分ける作業とすること。

場は無限です。「お昼は弁当」という論題に反対する立場で言えば、「給食にする」という立場だけでなく、「自炊する、カフェテリアにする、選択式にする」など、多様な立場があります。ただそれだけに、討論やディベートの論題で取り上げる命題は、これを肯定し得る強力な根拠がないと簡単に否定されてしまいます。

AとAでないものに分けることの無限性

大村はま先生の有名な実践に、国語教科書に載っている「言葉」の意味を措定するという授業があります。子どもたちは、国語教科書から手当たり次第に「言葉」という語が使われている文を拾い出し、一つずつカードに記します。全部の用例が集まったらカードを束にして、最初の用例文から「言葉」が何を指しているか考えます。例えば「朝という言葉は……」とあれば、「単語」を指していることが分かります。次のカードからは、これと同じ使われ方かどうかで二つに分けていきます。同じでないと判断したカードの束は「単語」以外の意味を持つ用例の集まりですので、今度はこの束をもとに先ほどと同様の作業を繰り返します。例えば「言葉が違う国……」とあれば、これは「言語」という意味です。

かくして、最後の一枚までAかAでないかと分類していくと、「言葉」の意味する対象が網羅的に分類されます。時間はかかりますが、二つに分けるこの方法だと、分類項目は無限に設定することができます。**分けることは分かること**なのです。

リアルを追求する。

猫と一茶

長野県の北部にある上水内郡信濃町は、俳人小林一茶の故郷です。一茶といえば、小さな存在を温かく見つめ、平明で人間味溢れる俳句を二万句も世に送ったことであまりにも有名ですが、一茶が最も愛した動物が猫だったということは知る人ぞ知る事実です。猫を詠み込んだ一茶の句は三百以上もあり、動物を詠んだ句の中で他を圧倒しています。信濃毎日新聞社が出版した『猫と一茶』という写真句集を眺めていると、家族運に恵まれなかった一茶を、猫という小動物がどれほど慰めていたか感じさせてくれます。

この本を使って「猫と一茶と○○と」という単元に取り組んだのは、飯綱町立飯綱中学校の伊藤均先生です。信濃町に隣接する飯綱町では、一茶にちなんだ地域の学びが盛んに行われています。そんな地域性を生かそうという単元です。

『猫と一茶』を一人一冊ずつ配られ、興奮する子どもたちに示された課題は、収録された猫の句を通読して「季節、植物、恋……」といった要素のどれか一つを持つ句をすべて抽出するというものでした。該当する句が全部抽出されたら、そこにどのような共通点や特徴が見出されるか分析し、猫のイメージや象徴性について考察します。最後には自分でも同じ要素を持った俳句を創作し、発表するというのがこの単元の全体像です。

リアルな研究発表会

伊藤先生の担当学級には、おとなしく引っ込み思案で友人関係が上手に築けない千里がいました。この千里が珍しく『猫と一茶』に強い興味を示します。伊藤先生は彼女を励まして、発表会の企画責任者を務めるように勧めます。責任者には、千里と共におとなしく

授業づくりのポイント

- 学校を取り巻く地域とのかかわりを生かすこと。
- その活動が社会的行為とどう結びついているか考えること。
- リアルの追求は細部まで徹底的に凝ること。

て目立たない佳菜実と由里が選ばれました。三人は、伊藤先生に勧められて、本格的な発表会を計画します。それは、この本を出版した新聞社の記者、一茶記念館の学芸員、大学の研究者（私もその一人です）を学校に招待し、保護者や地域の方も招き、大講堂で学年全体での研究発表会を開催しようというものでした。招待状の文面から発表会のプログラムまで、すべて彼女たちが計画し作成しました。計画は国語科の時間や学活を通して級友に伝えられ、発表会当日を迎えることになりました。

大講堂で開催された発表会は、大成功でした。千里たちは招待した記者から取材を受け、その内容は信濃毎日新聞で報じられました。また、一茶記念館の学芸員や大学の研究者からは一茶についての興味深い情報が紹介され、新たな課題となりました。

社会とかかわるリテラシー

「猫と一茶と○○と」という単元のすばらしさは、徹底的にリアルを追求しているところにあります。子どもたちは、教科の学習というより、リアルな学芸発表会を経験しているのです。その中で、調査研究の手順はもとより、**社会とかかわるためのリテラシー**を、必然性を持って学んでいきます。

リアルを追究する活動から得られる力はなんでしょうか。それは、引っ込み思案だった千里たちの変容ぶりに現れています。すなわち、**社会的に価値ある存在として、自分を変容させようとする力**なのです。

分からないというつぶやきから始まる学びをとらえる。

分からないというつぶやき

小学四年生の国語教科書に今西祐行さんの『一つの花』という作品が掲載されています。戦時下、物資が届かない生活で「一つだけ」と言ってねだることが口癖になった幼い「ゆみ子」と、その両親の物語です。父が「ゆみ子」の行く末を案じる下りを引用します。


……すると、お父さんが、深いため息をついて言いました。

「この子は、一生、みんなちょうだい、山ほどちょうだいと言って、両手を出すことを知らずにすごすかもしれないね。……いったい、大きくなって、どんな子に育つだろう。」

そんなとき、お父さんは、きまってゆみ子をめちゃくちゃに高い高いするのでした。

（傍線引用筆者）


この部分を読んだ感想を尋ねると、しばしばこんな声が聞かれます。

「『お父さん』がどうして高い高いをするのか、よく分からない」

分からない原因を特定する

傍線部の描写で分からないという声が出る理由は明白です。なぜ「お父さん」が高い高いをするのか、答えにあたる内容が直接書かれていないからです。言われてみれば当たり前のことですが、**何が明らかで何が隠されているかしっかりと自覚すること**こそ、子どもの問いから始まる学びを評価する上で、欠かせない導入です。授業では、傍線部から５Ｗ１Ｈに該当する表現を取り出させて下さい。すると「どこ（where）」と「なぜ（why）」にあたる情報がないことに気づきます。

「なぜ」が書かれていないから「お父さん」が高い高いをする理由が分からない。この

授業づくりのポイント

・「分からない」というつぶやきをとらえること。
・５Ｗ１Ｈを使って分からない対象を特定すること。
・文脈から広く細かく関連づける力を評価対象にすること。

ことを確認した上で、子どもたちにこう尋ねて下さい。場所も記されていないのに分からないという声はどうして出なかったのかと。彼らは教科書の挿し絵を指摘するはずです。挿し絵には家の中で高い高いしている姿が描かれているからです。

この問答を契機に、子どもたちは、本文に書かれていない情報でも、それにかかわる情報を手がかりにして分かろうとしていた事実を発見します。とすれば、「なぜ」の答えも、本文の描写を手がかりにすると分かるのではないか。こういう声が出たらしめたものです。既知の情報をもとに、推論と想像が始まります。

分かり方を評価する

分からないというつぶやきから始まる学びの評価は、分からないことがらにかかわる情報をどれだけ多く引き合いにし、相互関係をどれだけ複雑に検討しているかで判断します。奇抜で斬新な答えであっても、ただの思いつきを高く評価してはいけません。

傍線部の一般的な解釈は、「戦地に行って死ぬ前に、できるだけ『ゆみ子』を喜ばせてやりたかったから」でしょう。

しかし、「分からない」から始まる学びでは、更に問いを重ねて下さい。特に重視したいのは、「そんなとき」、「決まって」といった表現が、答えをどう限定するかという点です。「お父さん」は誰のために「高い高いする」のかという問いも重要です。これらの問いを重ねて語り合うと、「お父さん」の内面にある苦しみやかなしみに気づくことばが生まれます。

46 創作は過程で厳しく評価し、完成作品は心からほめる。

俳句も小論文も目標の本質は同じ

詩歌や物語、絵画や工作などを創作する活動は、子どもたちの感性や情緒を刺激し、学びを活性化してくれます。ときには大人も驚くような味わい深い作品が産み出されます。とはいえ、作品の出来映えだけでその子の到達度を評価すべきではありません。言語活動として創作する際の目標は、未来の作家や詩人を養成することではないからです。

それではどういう目標と評価の観点を設定すべきでしょうか。私は、例えば俳句づくりという活動を行う際に、これが次の四つの力を身につける活動であることを明言し、予め共通理解を図っておきます。

①日常生活を観察し、俳句の素材として心惹かれる風景や行為を集める力。
②収集した素材群から、多くの人に共感され、かつ絵になるものを選び出す力。
③選び出した素材が醸し出す情趣や面白さを批判的に検討し、また吟味する力。
④情感を表すのにふさわしい語彙を選び、音やリズムを整えて作品を創造する力。

つまり、情報収集から選別、批判的検討、想像と創造といった思考を豊かに経験することが、この創作活動の目指すところなのです。お気づきのように、素材選びや吟味の観点こそ異なりますが、これらの思考は、小論文やレポートの作成と本質的に変わりません。**人間の思考は「事実・解釈・批評・想像」が基本**なのです。

吟味までの道程は厳しく！

右の思考のうち、①～③は実際の俳句を創作する前の段階で働きます。ここを妥協することなく進めるのが創作活動のポイントです。ことばの力の育成は、作品として発表され

授業づくりのポイント

・何が達成されればよいのかを予め共通理解しておくこと。
・創作過程のコメントで子どもの機嫌を取らないこと。
・本人が気づいていない「よさ」を指摘するようにすること。

るまでが勝負です。歯に衣着せぬことばで評価して下さい。ちなみに①と③の力を育てるためには、これにかかわる活動を二人一組【知恵34】で行うのが効果的です。詩歌や短い文章の創作活動をすると、多くの子どもは、冗長な表現をどう削るか、どんな語彙を選んだらよいかといった問題に悩まされます。俳句では、季重ねや字足らずが至るところで観察されます。そういう問題を二人で協力して検討することによって、互いのことばのセンスが成長していきます。私は、①で出されたたくさんの素材候補を②で三つぐらいに絞らせ、③で一つに決めるように指示しています。その際、③の作業は隣のパートナーにしてもらうようにと促します。みんな、びっくりしますが、豊かな交流が生まれます。

完成作品は生まれてきた子どものようなもの

できあがった作品は、リアルな設定で発表させます。例えば俳句なら、短冊に毛筆で書かせて俳号を添えさせます。書いたらもちろん掲示して投票し、高得点の作品は表彰します。

完成作品は、作者にとって子どものようなものです。拙劣なものであっても、落ち度を指摘してはいけません。すべての作品のよさを見つけてやることができるかどうかに、教師の力量がかかっています。特に、**本人が気づいていないよさを指摘してやる**ことに努めて下さい。それには、内容面だけでなく、リズムや字体、語彙など、さまざまな側面でほめる要素を見つけるようにします。ほめてもらうことが、次の創作への架け橋になります。

悔しい思いをさせる。

進学校の運動会

東京の私立開成学園は、東京大学への進学者数が三十年間日本一を誇る名門進学校として、全国にその名が轟いています。この学校の卒業生に当時の思い出を尋ねると、異口同音に同じことばが出てきます。それは、創立から百四十回を超えて続く春の運動会です。

開成学園の運動会は、ほぼ完全に子どもたちの手で、一年がかりで作りあげられます。中学から高校までの六学年を八つの組に縦割りし、色分けして紅組、白組、青組、黄組、橙組などの「組」を構成します。この組ごとに一丸となって優勝を目指します。種目はここ百年間変わらず、俵取り、騎馬戦、棒倒しなどです。これらに全精力が注がれます。

彼らは運動会のために組の応援歌を作詞作曲し、巨大な看板イラストを仕上げ、上級生と下級生のパートナー・シップを築き、戦法を徹底的に研究します。組専用の交流冊子も制作されます。電話帳のような厚さがあり、さまざまな情報がびっしりと書き込まれます。

こうして迎える運動会の当日、開会式では実行委員長から「晴れてよかった！」、審判長から「反則するな！」と、一言だけの挨拶があります。その後、こうまで真剣になれるものかと驚く熱戦が繰り広げられます。競技で決着がつかない場合、「即決」と呼ばれる勝敗決定戦が行われます。じゃんけんです。かくして必ず勝者と敗者が生まれます。

歓喜する勝利チームとは対照的に、敗者は自分たちの応援席前に整列して土下座します。彼らはグランドに額をこすりつけてむせび泣きます。勝てなかった悔しさと応援団への申し訳なさをかみしめて……。応援席を見ると、学ランにたすきを巻き、声をからして応援していた仲間たちも慟哭しています。勝たせてやれなかった悔しさがこみ上げて……。

授業づくりのポイント

・心底努力をしても達成できない経験の価値を知っておくこと。
・子どもの悔しいという感情に共感すること。
・悔しさのエネルギーをひたむきに努力する力に向けること。

悔しさこそ明日への希望

運動会は高校からの入学生で三回、中学からなら六回経験します。この間に、全員が一度ならず悔し涙にむせびます。日本屈指の学力を持つ彼らにとって、この悔しさこそ自らを心底鍛え上げる出来事になります。たかが運動会と思われますが、学園の全員が一つのことに一年間かけて打ち込むという行事は、そうそうありません。全校生が同じ日に競技に没頭し、泣き、そして笑うのです。ある開成卒業生は、こう述懐していました。「僕たちは死ぬかと思うほどの悔し涙とうれし涙を流す」と。

この運動会で子どもたちが経験する「悔しさ」こそ、この学校の驚異的な進学実績を支えているのだと私は実感しています。生徒を能力別編成にし、受験問題をひたすら解かせるようないわゆる「進学校」とは、根本的に教育観が異なっているのです。言い換えれば、たとえ開成学園に在籍していても、この青臭い悔し涙を流すことのなかった者には、徹底的に自己を律して目標に臨む力が、十分には育ち得ないかもしれません。

開成の運動会に対しては、子どもたちがもともと優秀だから高校三年でも夢中になれるのだという揶揄もあります。そうかもしれません。しかし、開成生に限らず、**心底努力をして負けたときに味わう悔しさほど、当人を強く、たくましくしてくれるものはない**と思います。しかもその悔しさは、限りなく当人をやさしい人間にしてくれるのです。

評価

48

150円に50円足しても200円のガチャガチャは買えない。

生活の中で経験する算数

小学生にこんな問題を出しました。

太郎さんが百円玉と五十円玉を持ってガチャガチャ（丸いプラスチックケースに入った商品。またはその簡易自動販売機）を買いに行きました。ところが、お目当てのガチャガチャの値段は二百円でした。太郎さんがこれを買うにはいくら足りませんか。

大人なら、たちどころに五十円と答えるでしょう。しかし、日頃ガチャガチャを買っている子どもの答えは違います。彼らは「あと百円」と答えるはずです。なぜか。ガチャガチャの硬貨投入口は百円玉しか受け付けないからです。その意味では、冒頭の問題の正解は百円なのです。数学的には加減乗除によって正しく導かれる答えでも、生活的に見ると必ずしもそうはいかない。ここに、子どもの答えを正しいとか間違っているという基準だけで評価することの落とし穴があります。**どうしてそのような答えが導かれたのか、子どもの目線で考える**必要があります。

誤答の中に埋め込まれた子どもの生活経験

一見すると誤答だと判断されそうな子どもの答えでも、注意深く観察すると、それなりの「論理」が働いています。学びに生きて働く評価は、この論理を推測することから始まります。私ごとになりますが、小学校時代に社会科の産業にかかわるテストで納得のいかないバツをもらったことがあります。こういう問題でした。

「大工さんの仕事場では火事に気をつけなければなりません。なぜでしょう」

おそらく、身近に大工さんの仕事場がなければ「燃えやすい木がたくさんあるから」と

授業づくりのポイント

・子どもの答えをすぐに正しいか誤りかで判断しないこと。
・答えが導かれたプロセスについて思いをはせること。
・生活経験から導いた論理を子ども自身に説明させること。

答えることになるでしょう。正解です。しかし、私はこう答えたのです。「電気かんなや電気のこぎりを使いすぎると、ショートして火花が飛ぶから」と。

当時、私の祖父は工務店を経営しており、木材加工は電化が進んでいました。ところが工場と家庭の電源が一緒だったために、時々ショートして配電盤から煙が上がるのを目にしていたのです。先ほどの問題を読んでこのことが思い浮かび、よもや「木を扱うから」などという単純な答えが求められているのではあるまいと思って、かく答えたのでした。たまたま家庭訪問の折にこの答案が話題となり、担任の先生から「ゆうじ君は物事をこだわって考えすぎる」と評されたことを思い出します。

国語科は子どもの生活経験から導かれる論理の宝庫

いろいろな教科の中でも国語科は、とりわけこうした子どもの生活経験から導かれる論理が強く作用します。特に物語や小説で問われる登場人物の心情は、読者の生活経験がいやおうなく反映される仕組みになっています。

解釈を求める問いでは、正解に到達できたかどうかを評価の中心軸とすべきではありません。子どもたちの解釈がどういう生活経験を資源として導き出されており、それがテクストそれ自体とどのようにかかわっているのかを観察して下さい。そして、子どもたち自身が**どうして自分はこの物語をこのように解釈するのか自覚し説明できるようになること**を目指して下さい。それこそが文学の読みで目指すべき到達基準です。

49 答えはいくつあってもよいが、無限ではない。

思いやり運転の答え

自動車運転免許の書き換えで講習を受けた折、こんな問題が出されました。

「一般道を運転していたら、左側の路地から右折して対向車線に出ようとする車を発見しました。この場合、思いやりのある運転と言えるのは次の三つのどれでしょう」

①そのまま直進する。

②停止して対向車線に出させてやる。

③後続車がいなければそのまま直進する。

「思いやりのある」という言葉から②だろうと思ったら、講師は「ぜんぶ正解です」と言います。意外な解答に驚いていると、次のように解説してくれました。

「対向車線の往来が激しいときは、停止してやっても危険ですから①を選びます。自分の車線に後続車が数台あり、対向車線に十分な余裕があるときは②を選びます。ただし後続車がいなければ③が適切です。相手は譲ってくれた車に気兼ねしたり慌てたりすることなく右折できるからです」

いくつもあることと無限にあることとの違い

運転免許の講習で出された問題のように、授業でも、いくつも答えのある問題が存在します。その典型は文学の解釈です。例えばヘルマン・ヘッセ『少年の日の思い出』では、最後に「僕」が自分の蝶を粉々につぶす場面が描かれています。この場面をめぐって、「僕」はどういう心理で蝶をつぶしたのかと問えば、多様な答えが出るはずです。描かれていない以上、解釈は無限に存在すると主張することも不可能ではありません。しかし、

授業づくりのポイント

- 答えが複数ある具体例を生活の中から見つけておくこと。
- 答えの多様性を越えて合意すべき点をはっきりさせること。
- 答えとして認めるべき枠組みの理解を評価すること。

答えが無限に存在するのなら、問うこと自体が無意味になってしまいます。答えはいくつもあるが無限ではない、どう考えればよいのでしょうか。

実はその答えが先の問題にあります。この問題では「思いやりのある運転」という条件を満たすものが正解です。運転の仕方は状況によって多種多様でも、相手が通行しやすい運転、つまり思いやりのある運転を目指す条件を満たさないものは、認めるわけにいきません。ゆえに、答えは無限ではないのです。ヘッセの短編でも、情熱をかけて執着してきた美的対象を自ら否定する際の心的状況に該当しなければ（実はそれを突き詰めると最適なことばの不在に気づきますが）だめです。

枠組みに正解を求める

運転の仕方の問題は、このように問い直すと答えは一つになるはずです。

「……この場合、状況に応じて次の三つの運転の仕方が考えられます（先述の三例を示す）。これらに共通する運転の仕方は次のうちどれでしょう」

①思いやり運転　②思いつき運転　③思い出し運転

「思いやり運転」とは具体的な方法ではなく、運転の心得であり、思考の枠組みです。思考の枠組みを答えに設定すると、冒頭の問題にあった**さまざまな選択肢は統括され、一つにまとまる**のです。もちろん、「思いやり運転」も、「安全な運転」のような上位の枠組みから見れば、数ある答えの一つになります。が、無限に答えがあるというカオスには陥りません。

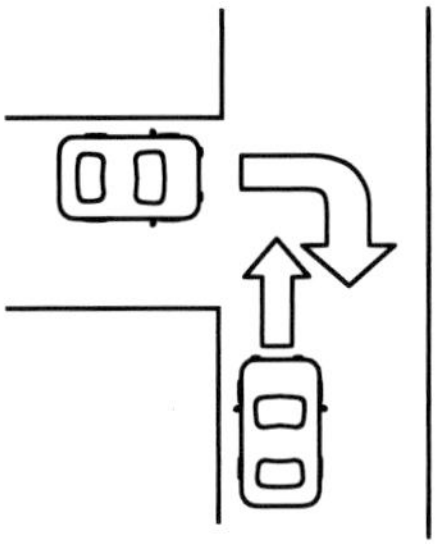

真理追究の学びとは、「迷う」こと。

「僕、迷っちゃった」

【知恵30】で紹介した「お手紙」の授業で、面白いつぶやきに出会いました。授業中の話し合いでのつぶやきです。テーマは次のような内容でした。

「『がまくん』と『かえるくん』が感じたしあわせって同じかな？」

子どもたちの大半は、当初「同じではない」と答えました。ところが、本文から根拠を探しているうちに「同じ」に変えたいと言い出す子が現れ、改めて立場を尋ねると大部分が「同じ」という立場に変更してしまいました。そこで、対立するそれぞれの立場の支持者たちが、どうしてそう思うのかについて討論会を始めることになりました。

最初は「同じ」派が優勢でした。この子たちが決定的な根拠としたのは、本文に「ふたりとも、とてもしあわせな気もちで……」と書いてあることでした。小学二年生としてはもっともな判断です。ところが、「同じではない」を支持し続けていた一部の女の子たちは、こう言うのです。「手紙を送る『かえるくん』のしあわせはワクワクだけど、手紙をもらう『がまくん』のしあわせはドキドキだから違う」と。すると、このやりとりを聴いていた裕介が手を挙げ、真剣な顔でこう言ったのです。

「僕、迷っちゃった。どっちを信じればいいのか、分かんなくなっちゃった」

もとより、【知恵49】で示したように、右の対立は高度な次元では統一することが不可能ではありません。「しあわせ」の概念枠では統括できるが、その内実には与えるものと授かる者との意味差があると。しかし、先生はにこにこして「迷っちゃったんだ！　どっちもなるほどって思ったんだね」と、迷わせたままにしていました。それでいいのです。

授業づくりのポイント

・対立する見解や解釈が共に成立し得る問題を抽出すること。
・迷うことの意味と意義をきちんと説明すること。
・追究の仕方と追究し続ける態度を評価すること。

迷い続けることの大切さ

学齢が高くなると、「文学の読みの授業は、答えがはっきり出ないからいやだ」と言う子どもが現れます。そういう子には、真理追究の学びとはとことん「迷うこと」と教えて下さい。中学生以上には「迷」という字を用いてこう説明します。

「『迷』のつくり『米』を見て下さい。中心点から八方に棒が伸びているように見えるでしょう。今、取り組んでいるテーマはこの中心点です。そこから対立する方向にいくつもの棒、つまり意見や見解が出ています。今、皆さんが学ばなければならないことは、どの棒が正しいかを覚えることではなく、**どうすればこれらの対立する棒を比較し検討することができるか、その方法を知ること**なのです」

課題を追究していく過程で出会った「問い」について、想定される答えが多様な選択肢を持っていることに気づき、理想的な答えを求めずにはいられない状況を経験すること。この経験が精神的な成長をもたらします。

迷うことで育つ力は追究の仕方と態度にあり

対立する考えや立場に直面したときに、より高度な答えに近づくための方法に見通しを立て、実際にそれを行動に移す力こそ、迷うことによって育てたい力です。評価は、どこまで高度な答えに到達しているかではなく、より適切な追究の仕方をいかに見出し、実際に実行しているかを見て下さい。その模範は先生が示します。

評価

51

グループ活動の全体評価は「湯桶」の例えで説明する。

グループ活動の不公平

グループで協力して何かを企画し、一つのものを制作したり発表したりするとき、集団としての評価をどうするかという問題は頭の痛いところです。例えば、誠実に頑張ったA君と、いい加減で非協力的だったB君とが同じグループにいたとします。彼らが集団として一つの課題に取り組んだ場合、その成果に対する評価はA君もB君も同じでいいのかという疑問が生じます。低い評点が与えられれば、A君は納得できないでしょう。だからといって高い評点が与えられても、A君とB君の評価が同じだということに不満を訴える人が出るはずです。そうならないように、グループ単位の評点はしないという方針も一案ではあります。しかし、グループとして競争的に取り組み、その成果がグループ単位で評価されるということは、吹奏楽のコンクールからバレーボールの試合に至るまで、山ほどあります。授業だけ避けて通るわけにはいきません。

「湯桶」の例えとは？

集団で取り組んだことがらの成果は、その集団を一つの個としてとらえ評価する。これがグループ活動を評価する際の原則です。A君がいくら頑張ったとしても、B君がだらしなかったとしても、そういう人々がかかわりあって作り上げた一つのものを、個別の評価に分解することはできません。この原則は、「木の湯桶」に例えるとよく分かります。木の湯桶は円い底板の上に細長い板が輪を描いて並び、容器を形づくっています。枠の板はタガで締められているので、バラバラにはなりません。この構造をグループ活動になぞらえてみましょう。

授業づくりのポイント

・何をどのように評点するかは活動前に合意形成しておくこと。
・集団活動で頑張った者と怠けた者の区別をつけさせないこと。
・集団評価は個別の評価と併用すること。

まず、底板はグループ活動を行うための場です。枠となる細長い板は、グループのメンバーです。このメンバーは、タガ、すなわちあることを成し遂げようという目的意識でまとまっています。しかしその態度や能力には個人差があり、板の高さに反映されます。活動に後ろ向きな人が混じっていると、その板は短くなります。グループ活動の成果とは、この桶で汲んだ湯の質と量で決まります。当然ながら、湯は最も低い板のところまでしか溜まりません。それがグループ単位の評価になります。

不公平が出る評価は事前に宣言する

これでは不公平は解消されないではないか。確かに個のレベルではその通りです。けれども、いくら自分は頑張ったと言い張っても、**互いを信じて高め合い、全員が一丸となって取り組まないと、グループ活動そのものは高く評価できない**のです。

もとより、湯桶の例えをグループ活動をした後で説いても手遅れです。グループ活動をする前にこの例えを宣言して下さい。それによって、一人だけが頑張ってもだめだという認識を与えることができるのです。また、事前に納得されていれば、その評価が不公平だとは誰も言いません。ただし、個人別の評価もグループ単位の評価とは別の次元ですることを宣言して下さい。個々の子どもがどんな取り組みをしていたかも、きちんと観察してやる必要があります。これと湯桶の評価が重なることで、バランスが取れるのです。

評価　言語活動　教師の話法

52

誰から見てもだめな結果を無理してほめない。

だめなものはだめと言う

授業をしていると、いい加減で不十分な取り組みだったことが歴然としており、とてもよかったとは言えない作品や発表内容に向き合う機会があります。それでも本人なりの結果を出したのだから、少しでもよいところを見つけてほめるべきでしょうか。【知恵46】で述べたように、基本的にはその通りです。人間はほめて育つ動物です。

しかし、本人も含め誰の目から見てもだめな結果を無理にほめるべきではありません。心からそう思うのでない限り、「ここがいいね」とか「よく頑張ったね」などということばは要注意です。自分自身でだめな結果だと痛感している子どもにとって、相手の機嫌を取るようなことばを耳にするのは苦痛です。「おもねり」は、それを口にする者が相手によく思われたいために発せられるのだということを、彼らは知っています。

このような場合、大切なのは、**子どもと一緒にだめな結果を心から残念がり、悔しがることです**。よい結果を子どもと一緒に喜ぶのは簡単です。しかし、教師の指導にきちんと応えてこなかったためにだめな結果となった子どもに対し、その気持ちに寄り添うことは難しいものです。これがごく自然にできる先生を、子どもたちは信頼します。

誰の目から見てもだめなものは、「だめ」と言って下さい。もちろん、他人事のように言うのではありません。教師自身の指導力にダメ出しをするつもりでそう伝えます。

なぜだめだったのかを省察する

残念な思いや悔しさを子どもと共有したら、なぜだめだったのかを一緒に省察します。本人も自覚している課題や問題点を口にする必要はありません。本人が自覚しておらず、

授業づくりのポイント

- ご機嫌を取るような印象を与える評価はしないこと。
- 子どもと一緒に残念な思いや悔しさを味わうこと。
- 何をどう見直す必要があるかを覚めたことばで示すこと。

この際しっかりと見直す必要のあることがらに注目してください。見直すべきことがらは子どもの資質や活動内容によりますが、例えば次の諸項目です。

①無駄のない時間の使い方　②行動する前の熟慮　③地味な作業の遂行
④助言や批判の受容　⑤他の人への関心　⑥陰日向のない行動

行動力のある先生は、もっとこうすればよいという代案を示してやろうと苦心しがちですが、こらえましょう。今後どうすればよいかは子どもに考えさせるべきです。

殺し文句は「君らしくないぞ」

たいした努力もしていないのに、プライドと自己顕示欲だけは一人前の子どもがいます。逆に、すべてに全力をかけないと気がすまず、自分の成果に自信が持てない子もいます。無理してほめてはいけない典型は、この二つのタイプです。無理をしてほめると、前者の子はだめな結果と向き合いません。後者の子は、しばしば「本当はだめだと思っているくせに、私の性格を分かっていない」とねてしまいます。

こういう子たちがだめな結果を出したら、まずは「**君らしくないぞ**」と言います。それからごく冷静に、率直なことばで、どういう点が不足しているのか、どこに見落としがあるのかについて筋道を立てて考えさせます。その子のためになるべく具体的な事実を示して下さい。そうして、必ずこう結んで下さい。

「今回の挫折や失敗は、あなたが成長するチャンスだからね」

評価　言語活動　教師の話法

53

結びの場面で「いっぱい意見が出た」「よく手が挙がった」と言わない。

結びの場面の落とし穴

子どもたちの活動を主体に互いの意見を交流する授業は、知識を活用して批判的に考察したり新しく発想したりする力を育てる上で大切です。子どもたちがどんどん手を上げて活発に意見を述べる授業を参観していると、思考の深まりや広がりが伝わってきて、胸が躍ります。ただしそのステップが結びでこける授業を、私はしばしば経験しています。

椋鳩十の名作『大造じいさんとガン』を取り上げた小学五年生の授業でのことでした。「大造じいさんの狩りには『ひきょうなやり方』があったか」というテーマで、子どもたちは侃々諤々《かんかんがくがく》、討論を繰り広げていました。「あった」とする側は、おとりのガンを使ったやり方がひきょうだと主張しました。これに対して「なかった」とする子どもたちは「大造じいさん」が最後に言ったことばの中に「おれは、ひきょうなやり方でやっつけたかあないぞ」という文があることを引き合いにしました。ひきょうなところがあれば、こういう言い方はできないという論理です。また、おとりを用いることは狩りの方法の一つであって、後ろめたいところなどないと反論しました。「あった」派も負けてはいません。「ひきょうな……ないぞ」というのは、文字通りに読めば確かにひきょうなやり方を否定しているが、そもそもこういうことを口にするところに、「自分のやり方にはひきょうな部分があったかもしれない」という思いが読み取れると反論したのです。

子どもたちは、話し合っているうちにこういう解釈へと到達していきました。

「読者から見ればひきょうな面はないけれど、狩人である『大造じいさん』が自分に課しているものはずっと厳しく、自分にひきょうな面がなかったか問い続けている」

授業づくりのポイント

・活動が積極的だったこと自体を評価の中心にしないこと。
・何を学び何が課題として残ったのかを考えさせること。
・教師のご機嫌を取るような振り返りはさせないこと。

この授業の結びで先生はどうまとめるのか、わくわくしながら耳を澄ませました。先生は、満面の笑顔でこうおっしゃいました。足がもつれた瞬間です。

「今日はね。みんな、本当に真剣に話し合ったね。いい意見がいっぱい出ました」

そして、手元のワークシートに、今日の授業の振り返りを書かせて終了しました。案の定、子どもたちの多くは、振り返りのことばをこう書いてしまいました。

「今日はたくさんの意見が出てよかった」

何を学び何が課題として残されたかを確かめる

意見がたくさん出て授業が活性し、うれしくなる気持ちは分かります。しかし、それが充実した学びの条件だと思ったら大間違いです。結びで教師がすべきことは、**今日の学びで何が獲得され、どこに到達し、今後どういう問題を考えねばならないのかを整理すること**です。そして、そのためにどういう結びを選択することが子どもたちに必要かを大至急検討し、判断することです。

子どもたちの解釈が高い次元でまとまっていった先述の授業、私なら作品をしみじみと朗読して結びに代えます。振り返りは「私と『大造じいさんとガン』」と題し、それぞれの読みがどのようにゆさぶられ、深まり、新たな問いを生み出したか記述させます。「たくさんの意見が出てよかった」などという振り返りは、そう書けば先生が喜ぶことを察した子どもたちのリップ・サービスにすぎません。こんな気働きは無用です。

評価

添削は、表現者の心を思いやる作業。

ある研究会での出来事

これは、拙著『すぐれた論理は美しい』（東洋館出版社）で紹介した話です。国語教育に打ち込む先生方が集まる研究会での出来事です。月一回の定例会があり、会員が実践・研究資料を持ち寄って報告することになっています。その中に、永年にわたって中学校の国語教育を導いてこられた林先生がおられました。その日の研究会で、私は司会を務めていました。林先生の資料もあります。自作の短歌で、表題には「妻よ」とありました。前年の夏、奥様が循環器の不調を訴え、秋から入院なさったこと、その後容態が悪くなり、年明けを待たずに亡くなったことを淡々と話された後、「拙い歌で恐縮ですが、近況報告に代えさせていただきます」と結ばれました。

林先生が報告を終えられた後、私は司会者として当惑していました。私も含め、研究会の席は言葉を失っていたからです。賢《さか》しらに言挙《ことあ》げすれば毀《こわ》れてしまう、繊細な感情の張りがそこにはありました。黙祷の思いを込めて、静かにときを過ごすことにしました。そのときです。林先生の友人である深澤先生が、このように切り出されました。

「林さんが作られた短歌について添削をさせていただきたい」

研究会のメンバー一同、静かな驚きをもって深澤先生を見つめました。

先生は、ゆっくりとこう話しました。

「歌集の中にこういう歌があります。

　頑健な心臓もちて生《あ》れ返り　我が許《もと》に来よ　いやでなければ

私はこの歌が一番よいと思うのだけれど、是非こう直していただきたい」

授業づくりのポイント

・言語生活者として子どもを見つめ、そのことばに向き合うこと。
・子どもたちの立場に身をおいてことばを整えること。
・状況に正対し、心を込めて対象を観察すること。

静まりかえった席で、深澤先生は次のように添削なさったのでした。

「頑健な心臓もちて生れ返り　我が許に来よ　いますぐに来よ

……『添削』などと無礼なことを申し上げました。お許し下さい」

表現者の心に思いを馳せる

この出来事に出会うまで、私は、「添削」と言えば文章の不備を指摘して、足りないところを補ったり、余計な部分を削ったりすることだと思い込んでいました。もとより、そういう作業が「添削」に伴うこと自体は否定する余地がありません。

しかし、「添削」という行為の真の意味は、そういう作業を指すのではないのです。真の「添削」とは、**添削する者がされる者に心を馳せ、その身になって行う表現作業**と言うべきなのです。「いますぐに来よ」は、「いやでなければ」よりもはるかに直截的です。林先生にとっては、自分で口にすることができないことばです。深澤先生は、それを承知の上で「添削」という言葉に被せて届けたのです。更に言えば、林先生自身、そうして自らのことばを忌憚なく「添削」してもらうことを望んでおられたに違いありません。

日々の授業で、子どもたちの文章や作品を添削するたびに、このエピソードを思い出して下さい。主述のつながりが悪いとか、敬体と常体が混じっているということに気づいたら、なぜこの子はここでこういう書き方をしているのか、思いを馳せて下さい。それが「添削」という評価の真の姿なのです。

余談ですが、この出来事の数年後、深澤先生は皇居の歌会始に招かれています。

55

ほめるときは間接的に。叱るときは直接本人に。

「愛語」の精神

面《むか》ひて愛語を聞くは面《おもて》を喜ばしめ、心を楽しくす。
面はずして愛語を聞くは、肝に銘じ、魂に銘ず。

曹洞宗の開祖、道元禅師の著した『正法眼蔵《しょうぼうげんぞう》』にある名文です。「愛語」というのは、やさしく慈しみをもって相手に届けられることばを言います。ほめることばは「愛語」の代表例です。そんな「愛語」についての教えが示された冒頭の文を口語訳するとこうなります。

面と向かって直接「愛語」を耳にすると、相手には喜びの感情が生まれ、楽しい気持ちがわいてくる。けれども、面と向かわず間接的に「愛語」が届けられると、そのことばは相手の心に沁み、たましいの奥深いところに刻まれるのだ。

直接ほめられると確かにうれしいし、悪い気はしません。けれども、心地よいことばの向こうには、それを口にした本人がいて、ほめた相手が喜ぶのを期待しているはずです。その期待が感じられてしまうと、ほめられた相手は、くすぐったい思いが伴います。

間接的にほめること、つまり本人のいない場でその人のよさを口にすることは、本人の反応とは無関係な行為です。そういうことばが人づてに本人の耳に入ると、**真実のことばとして深い感慨をもって心に刻まれる**のです。この効果は、悪口を聞く場合も同様です。面と向かって悪口を言われる場面と、「Aさんがこんなこと言ってたよ」と聞かされる場合とを比べてみて下さい。悪口を言われたことへのショックは後者の方が大きいはずです。なぜなら、後者の方が偽らざる本心だという印象を強く与えてしまうからです。

授業づくりのポイント

・授業外の場で、そこにいない子どものよさを口にすること。
・子どもを叱る際には恥をかかせないこと。
・子どもに好かれたいという思いに振り回されないこと。

叱るときは本人と対峙して

難しいのは、口達者で感受性の強い子どもを叱らねばならない場面です。逆ギレされてはかなわないからと、ご機嫌取りのことばを前置きして、恐る恐る問題点を指摘する。しかも他の子どもたちのいる前で……。きちんと叱らねばならない際にこういう弱さを見せてしまうと、特に中学校の場合、人間関係は泥沼にはまります。

厳しいことばでなくとも、子どもたちを説諭したり叱ったりすることは十分にできます。まずは、他の子どものいないところで本人と向かい合って下さい。そして、ごく丁寧なことばで、問題となることがらをどう認識しているか、なぜ受け容れられない行為なのか、穏やかに問いかけます。級友や親などがいる前で本人を叱ることは避けましょう。反省の心よりも、恥をかかされた恨みが残ります。

子どもに好かれたいと思わない

子どもに好かれたいという欲求は誰にもありますが、過度に持つと害を生じます。自分のことを好きになってほしいという思いが強い先生に限って、子どもたちは好きになってくれません。関心が教師自身にしか向いていないからです。

子どもたちに好きになってほしい相手は、断じて教師などではありません。子どもたち自身です。**自分が自分であることが好きな人間**になってほしい。このメッセージこそ、叱るという行為を支える根幹なのです。

評価

目指す姿を自分の中に作る。

絶対値としての目標

内館牧子さんのエッセイに「絶対値」という文章があります。高等学校の教科書に採択されていたのでご存じの人も少なくないでしょう。中身は、彼女が懇意にしている大リーグのイチロー選手が自分の目標をどのように設定しているかという話です。かいつまんで言うと、イチロー選手は自分の目標を他者との駆け引きの中には設けず、自分の中に絶対基準として設けているのです。それに対する内舘さんの考察が綴られています。

「今年はＭＶＰを取る」という目標を設定した場合、この目標が叶うかどうかは他の選手との競争に勝てるかどうかという問題と一体化しています。自分の努力も必要ですが、他の人との実力差がどう出るかは、相手次第の部分が少なくありません。

これに対して「今年は素振りを毎朝一千回する」とか「百メートルを〇〇秒台で走れるようになるまで脚の筋肉を鍛える」といった目標はどうでしょう。これらは他人の事情とは関係なく、自分自分の努力を映す鏡となって問いかけてきます。内舘さんは、こういう目標のあり方をイチロー選手のことばを借りて「絶対値」と表しました。

「絶対値」の話とはややニュアンスが異なりますが、鈴木孝夫さんのやはり国語教科書にあった評論に、「他者基準と自己基準」という文化論があります。西欧社会の価値観は、宗教的な絶対的価値基準にもとづいて形成されており、それゆえ行動の善し悪しを判断する指標は自己の内部にある。これに対して日本社会は、自称の代名詞が数多く存在することからうかがわれるように、他者との関係において自分のあり方や価値の置き方が規定されがちである。我々は歴史的にそういう文化伝統の社会に生きているという知見です。

授業づくりのポイント

- 教師自身が自分の中に目指す姿を思い描くこと。
- 目指す姿を口にしたり書いたりして意識化させること。
- グループや学級という単位を一つの「個」ととらえること。

ぶれない評価を目指す

全国学力テストへの過剰反応に見られるように、私たちの多くは、他の人と比べて自分の価値を決める傾向を持っています。勝ちたいという欲求よりも負けて恥をかきたくないという欲求の方が大きいため、自分より圧倒的にすぐれた相手には卑屈になり、見劣りする相手には尊大になりがちです。子どもたちにはそういう傾向があることを自覚させて下さい。**他人と比べて自分の価値を決めるような生き方では、幸せにならない**と説いて下さい。そしてその模範を示して下さい。例えば、学級通信を毎日発行するとか、提出物は次の授業までに必ずコメントを添えて返すといった目標設定でよいのです。目標を見定めたら紙に書き、教室の壁に貼っておきましょう。

個としての自分から集団としての自分へ

目指す姿を自分の中に作るという行為は、競い合う相手を憎んだり、他人はどうでもよいと考えたりすることを否定します。なぜなら専一に自分を磨こうとする行為は、他の人に対して寛容な態度を育むからです。このことをより明確にするために、子どもたちの自己目標が明確になるのと併せて、グループや学級という単位を一つの「個」として見るよう働きかけて下さい。【知恵51】の例えはそういう場面で使います。学級目標は、教室を飾るキャッチフレーズではなく、自分たちの居場所がこうであってほしいと願う具体的な姿をことばにすべきです。

57

「この人にここを評価してほしい」と言わせてから相互評価を行う。

主役は評価者にあり

発表や話し合いを行ったり、作文を読み合ったりする場面で、子どもたちに評価用紙を配り、級友の出来映えを採点させる授業をたくさん見ます。評価の観点が示され、A～Cや◎○△などの記号を書き込んだり、付箋に記述したりします。このときどういう評価項目に注意が必要かは【知恵29】で触れましたので参照して下さい。

相互評価の活動を行う場合、学びの中心は、評価される立場の子どもたちが示した発表や文章に求めるのが一般的です。その成果が相互評価の結果に現れると考えます。

しかし、他者の活動をきちんと評価するというのは非常に高度な能力を要します。教師でも、即興的に話し合いの経過を評価するのは難しいものです。当然ながら、多くの子どもたちにそんな能力はありません。だから、自由記述の感想を見ると、「とてもよかった」とか「面白かった」といった印象批評のコメントがたくさん示されるのです。

それにもかかわらず、彼らに評価を任せることの意義はどこにあるのでしょうか。

実は評価することそのものにあるのです。すなわち**級友の活動を評価するという課題をもって対象を批判的に観察し、その結果を言明することとそのものに意義がある**のです。発表や作文などの活動内容は学びの材料、学習材です。相互評価で中心となる学びは、これらを観察してコメントする活動です。

「Aさんの発表はいかによくできたか」ではなく、「自分はAさんの発表を☆☆という観点からきちんと評価することができるか」という問いを子どもたちと共有して下さい。相互評価という活動の主役は、評価者にあるのです。

授業づくりのポイント

- 発表や話し合いの主役は聴き手にあると自覚させること。
- すべての子に対して長所を最低一つは見つけておくこと。
- 相互評価は評価する者が学ぶための場と認識すること。

相互評価をいきいきと行う秘訣

相互評価そのものに充実した学びを求めるならば、この評価をいきいきと行うための下ごしらえが必要です。よいアイデアを一つ紹介します。

十年以上も前になりますが、小学六年生の教室で、グループで調べた内容を発表して相互評価をする実践を参観しました。その学級では、まず、先生と子どもたちとで相談して評価の観点を出し合い、「態度・姿勢、声・ことば遣い、組み立て、内容の分かりやすさ、説得力」などに分類しました。発表するグループの代表は、聴き手の級友たちから数名を指名して、「洋太郎さんにはインパクトの評価を、恵理さんには分かりやすさの評価を……」と依頼したのです。その際、どうしてその子にその観点をお願いするのか、理由を添えています。これが大切です。「恵理さんの発表は分かりやすくて目標にしているから」と言われれば、恵理は背筋を伸ばして真剣に発表を聴こうという気持ちになります。

学びとしての評価へ

評価を結果の診断ではなく指導過程に位置づけようという取り組みは、昔からありました。しかしそれだけでは、子ども自身が自ら適切に評価する力は育ちません。学びとしての評価は、結果を採点することにこだわらないで下さい。それよりも、自分は何にどう注目し、どんな発見をし、どこによさや課題を見出したかを語る力の育成に力を注いで下さい。

評価　言語活動　教師の話法

58

子どもたちが自分の学びを評価するための語彙を豊かにする。

能力別の展開と自己評価

【知恵38】で述べたように、子どもの学びに自由と主体性を持たせるためには、学びのさまざまな局面で子どもたち自身に選択させる場が重要です。一部の中学校や高等学校では、子どもたちを能力別に編成して授業を行っています。この場合、能力差を誰がどのように決めるのかによって学びの質が対照的なものになります。一般的に見られるのは成績で振り分ける方法ですが、低い成績の子はもとより、良好な成績の子どもにとってもマイナス効果が少なくありません。教師が能力差を判定して振り分けるこの方法は、子どもの人間的価値に格差や序列があるかの印象を強く与えてしまうからです。

これと対照的な方法は、**能力別編成のどこに所属するかを子どもたち自身に選ばせる**という方法です。そんなことをして、子どもたち自身が適切に自己を評価できるのかという疑問は、当然わきます。しかし、本書で何度も紹介しているイギリスのロックザム小学校では、この方法で学校全体の学力水準を全国最高レベルに成長させました。アリソン校長の話によると、子どもたちはきわめて冷静かつ適切に自分の力を評価するそうです。

ただし、そうなるためには、能力差をどう表現するかが決定的に重要だということでした。当初、ロックザム小学校の各学級では、能力別の展開を「お助けコース、挑戦コース」といった名称で分けていました。この分け方だと、子どもたちの多くは挑戦的でないコースを選ぼうとしませんでした。誰もが今より成長したがっていたのです。そこで、「チャレンジ1、チャレンジ2、チャレンジ3」と、いずれも挑戦的な表現にしたところ、適切に自己評価をするようになりました。

授業づくりのポイント

- 能力別の展開は子どもに選ばせること。
- 自分の学びについて振り返り、語り合う場を設けること。
- 子どもも授業の共同構築者だという意識を持つこと。

にこにこ顔・めそめそ顔から共同研究者へ

能力差をどう表現するかという問題が子どもたちの自己評価のあり方に影響を与えることに気づいたのは、ロックザム小学校のジョー先生です。彼女は、子どもたちと共に、自分たちの学びを評価することばを探究しました。初めは写真のように、にこにこ顔・めそめそ顔の絵をもとにして、それぞれの到達度を自分で判断する方法が取られました。しかし、子どもたちの自己評価の力が高まってくると、視覚的なイメージだけでは自分たちの学びがとらえきれないことに気づくようになります。そして、学びの質がより抽象度の高いことばによって語られるようになります。

ジョー先生は、このことばが豊かになることこそ、子どもたちが人間的に成長する現れと考え、毎日の学びを振り返るノートを準備しています。また先生や級友との語り合いの場を設けて、自らの学びを語ることば（メタ言語）の育成に取り組みました。この取り組みにあたり、彼女は子どもたちを「学びの共同研究者」と命名しました。これもまた、より適切な自己評価を促すことばです。

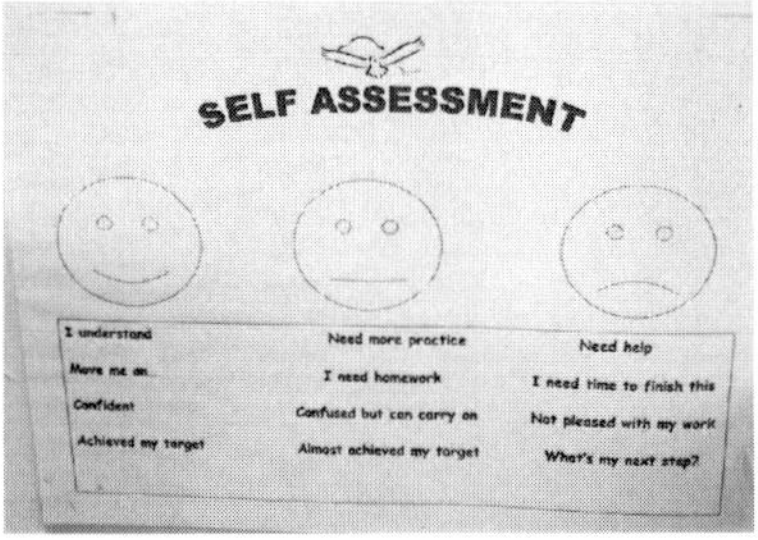

自己評価の語彙が育った子どもは、自分をとりまく難しい問題に出くわしても、すぐにあきらめません。自分の知識や思考にどういう傾向があり、問題にはどういう特徴があってこれを難しいと感じるのかを考え、説明しようとします。

まさに、「彼を知り己を知れば百戦殆うからず」です。

評価　言語活動　教師の話法

59

子どもは教師を簡単に超えてしまう。

気分が悪くなる授業

高校教師時代、私が体験した授業中の事件で最も印象に残っているのは、「あなたの授業は気分が悪くなる」事件です。これまで私が書いた文章でも何度か紹介してきました。それは、芥川龍之介の『羅生門』の読みをめぐって、教室で活発な討論をしている最中に起きました。中央最前列に座っていた藍子が突然席を立ち、退室を願い出ました。気分が悪いというので保健室に付き添おうと言ったら、「大丈夫です。外に出たら治ります。気分が悪いのはあなたの授業のせいですから」と言われたのです。

この事件からしばらく経った放課後、どうしてあのとき気分が悪くなったのか、彼女に尋ねてみました。衝撃的な二つのことを指摘されました。

一つ目。自由な討論をするように指示しておきながら、教師の解釈にかなう発言には興味を示し、そうでない発言は「他に」と流していたことです。活発な話し合いに見えながら、その裏でみんな先生の求める解釈をさぐっていることに当の教師が気づかず、「僕もみんなも対等の読者だ」と言ってはばからない脳天気さに、藍子はいたたまれなかったと言います。この問題は一九七〇年代にメーハンという研究者がすでに指摘していました。

二つ目。それでも教師の持っている解釈が子どもたちをあっと言わせるものであれば、なんとかこらえていようと藍子は思ったそうです。ところが、教師のやりとりを見ているうちに、自分が読んだ研究者の論文を私が知らないことに気がついたそうです。この指摘は、私をひどく打ちのめしました。彼女が指摘した研究者は、私が大学時代に授業を受けた先生だったのです。

授業づくりのポイント

・教師と子どもたちとは対等の関係ではないと自覚すること。
・一部の子どもは教師の知識を超えていると覚悟すること。
・教師を厳しく批評する子こそ最もよき理解者と認識すること。

超えてしまうことを喜ぶ

二年後、藍子は「古典」の授業で、やはり中央最前列に座っていました。この授業では、テストの代わりに四千字以上のレポートを求めることにしてありました。彼女は古典の学びを論文で表すことに抵抗を訴えてきました。私は、妥当なものであればどういう手段でもかまわないと言って彼女の反応を待ちました。

藍子が選んだ手段は、「絵巻」でした。彼女は『平家物語』の「木曽最期」を墨絵で描き、二幅の絵巻に仕上げたのです。別れの場面の今井四郎は後ろ姿です。「生まれてから三十年以上寄り添ってきた主君との別れを今井四郎がどういう思いで迎えたか、私にはまだ描く力がありません」。こんな説明をしてみんなに作品を披露してくれました。

卒業するとき、藍子はこの絵巻を私にプレゼントしてくれました。これが先生との学びのしるしだと言って――。そのとき私は、彼女こそ私の授業のよき理解者であったことに気づいたのです。

それ以来、私は、子どもが教師を超えてしまう事態をおそれつつも、待つようにしています。実際、彼らが示すアイデアや教材解釈のいくつかは、私が持っているものをあっさりと超えてしまいます。そのときに見せる**こちらの狼狽や驚きは、複雑な化学反応を伴って子どもたちの心に届く**ようです。とはいえさすがの藍子も、彼女との日々が私の博士論文の執筆動機になっていることは知りません。

希望は苦しみの中にある。

麻痺することのおそろしさ

ヴィクトール・フランクルの『夜と霧』は、第二次大戦時代のドイツでユダヤ人収容所に送られ、極限状態を経験した著者の体験記です。精神科医だったフランクルは、非人間的な扱いを受ける中で変容していく自分と身の回りの人々とを観察し、むごい苦しみの中にあってなお、生きる希望を保ち続ける心のありようについて思索しています。彼は、彼自らが明日をも知れない状況におかれながら、他所に収容されている妻たちを愛しながら生きる希望を維持し、地獄の日々に苦しむ収容所の仲間の生を励まし続けます。

フランクルは、人が生きる希望を失うのは苦しみそのものによってではなく、苦しみに麻痺してしまうところにあると言います。いかに辛く苦しい事態がその人の心身をむしばんでも、人生が己に生きることを期待している限り、私たちは希望を持ち続けることができる。むしろ、**自らに襲い来る数々の苦しみは、より崇高な生を実現するための試練**だと認識しよう。このような人生観を教えてくれています。

フランクルの教えに近い思考は、中学三年生の国語教科書に掲載されている魯迅の名作『故郷』にもあります。主人公の「私」は、三十年ぶりに再会した「閏土」のやつれた姿に呆然としつつ、故郷を後にします。その場面で、私は「閏土」の人生を思いやります。訳者の竹内好は、かつてこの部分を、「閏土」がこれ以上苦しみにうちひしがれてほしくないと「私」が願っているように訳していました。ところが後に彼は、これを書き換えています。それは、「閏土」が苦しみにうちひしがれることではなく、自らの苦しみに麻痺してしまうことを「私」がおそれているという内容への書き換えでした。

授業づくりのポイント

- 戸惑い、苦しみ、葛藤にさらされても麻痺しないこと。
- すべての生には期待があり希望があると信じること。
- 学びには限界がないという真実を信じること。

苦しみを省察する

人生にはさまざまな苦しみが何度も訪れます。教室に集う子どもたちも、先生方も例外ではありません。家庭環境、心身の健康、人間関係、成績と進路等々、みんな、さまざまな悩みや苦しみをかかえて生活しています。しかも、日頃は他の人にそうした屈託のあることを感じさせないようにしているのです。

こうした日々の中で最もおそれなければならないことは、前述したように苦しみや悩みのつらさに麻痺してしまうことです。麻痺してしまえば苦痛は感じなくてすみますが、同時に、希望も喜びも感じることができなくなります。

どんなに頑張っても認められず、これ以上この人のために努力することができないと感じたとき、あるいは相手の言動が不快でしかたないとき、人は、相手への関心を放棄してしまうことがあります。人間の存在に対する感覚の麻痺です。これだけは何があっても、どんなにつらくともしてはなりませんし、させてはなりません。

それでは、いかにしたら、私たちは目の前のつらい状況に正対して、感覚の麻痺に陥ることなく生きることができるのでしょうか。本書は、この問いについての答えをいろいろな場面で考えてきたつもりです。

その答えの一つが、フランクルの名著に刻まれていました。それは、苦しみの内実を観察し、熟考し、批判的に理解することです。一口で言えば、徹底的に省察することです。何がどうなっているために今の苦しみがあるのか分かってくると、私たちの心には、希望の灯がともるのです。

あとがき

「授業づくりの知恵」についてあれこれと考えていると、ふと、授業を作るのは誰だろうという問いが浮かんできます。この問いは、そもそも授業とは何かという根源的な問いと連動しています。

本書で取り上げたさまざまな「知恵」をもう一度眺めながら、最後にこの問題について考えてみましょう。

授業とは何か。『日本大百科全書』（ニッポニカ）の説明を参考に定義すると、「学校において一定の単位でくぎられた時間（たとえば五十分）に、当該教科・科目等の指導目標と指導内容に基づいて展開される、意図的計画的な教育活動」となります。この定義は、授業とは教師の責任において組織され運営されるいとなみだという認識を大前提としています。確かに、教師以外に授業と呼ぶべき活動を計画・実行する人は想定できません。例えば五時間目の「国語」の時間に子どもたちが教室で作文に取り組んでいたとしても、それが教師の指示や存在となんらかかわりないものであれば、授業とは呼べません。

それでは同じ時間に教師が教壇に立ち、計画通りに教材の解説をしている場合、私たちはこれを例外なく「国語」の授業の成立と呼ぶことができるでしょうか。子どもたちが教科書を開き、静かに着席しているのを見れば、「国語」の授業が成立していることに疑問を抱く余地などなさそうです。

しかし、教師が解説をしているあいだ、休み時間にけんかをした友への謝り方を考えている子どもや、教科書の他の文章を読んでいる子ども、あるいは睡魔と必死に格闘している子どもにとって、昼食後の数十分間は、教師の計画していた「国語」の時間だったと言いきれるでしょうか。少なくとも、均質ではありません。

とすると、実際に経験される授業は、冒頭の定義では間に合いません。なぜなら実際に経験される授業とは、教師と子どもとがかかわりながら、「国語」という名のもとで意味あるコミュニケーションを展開する行為になるからです。この定義にもとづくと、授業を作るのはそこにいる教師と子どもたちということになります。そして、実際に経験される授業とは、一回限りの個別的な出来事として、予測不可能な状況におかれながら、教師と子どもたちとのかかわりの中に生成していくことになります。

本書の「知恵」は、このような授業観に根ざしています。

「授業づくりの知恵60」は、子どもたちを教師の思い通りに動かすための知恵ではないことを、あらためて強調しておきたいと思います。例えば【知恵11】を信じて声をひそめて話しかけてみたけれど、騒がしい学級の状態はぜんぜん改善しなかったという事態もあるのが自然です。そういうときに心がけていただきたいのは、【知恵11】はうちでは使えないと即決するのではなく、ささやくように話しても子どもたちが変わらなかったのはなぜかを問うことです。静かに充実した教室が実現しないのは、何か隠された事実があるのではないかと考えていただきたいのです。そのようにして発見されたささやかな事実にこそ、きわめて重要な知恵が埋め込まれているものなのです。

さて、本書の刊行にあたっては多くの方のお力添えをいただきました。何よりも、私に次から次へと知恵をひらめかせてくれた、すばらしい実践家の先生方に感謝いたします。本来なら、ここでお名前を挙げて謝辞を申し上げるべきですが、たくさんおられますので本文中の記名をもって代えさせていただきます。

本書の校正にあたっては、信州大学大学院生・研究生の沖美鈴さん、齊藤静恵さん、坂本史織さん、名取森さんに協力いただきました。記して感謝します。

最後に、本書の出版を企画し、編集から刊行まで気持ちよく進めることを実現して下さった明治図書出版の林知里さん、松井菜津子さんに、深く御礼申し上げます。

二〇一四年十二月十七日　研究室のアトリエにて

参考文献

※本文で取り上げている用語や事例の出典にあたるものは、行末に番号を示しました。
秋田喜代美編（二〇〇四）『子どもたちのコミュニケーションを育てる』教育開発研究所【知恵9】
秋田喜代美編（二〇一〇）『教師の言葉とコミュニケーション』教育開発研究所
秋田喜代美／恒吉僚子／佐藤学編（二〇〇五）『教育研究のメソドロジー』東京大学出版会
稲垣忠彦／牛山榮世他（二〇一三）『続教師教育の創造』評論社
稲垣忠彦／佐藤学（一九九六）『授業研究入門』岩波書店
大村はま（一九八二〜一九八五）『大村はま国語教室』全十五巻、筑摩書房【知恵28・33・43】
岡田敬司（一九九八）『コミュニケーションと人間形成』ミネルヴァ書房【知恵39】
岡本夏木（一九八五）『ことばと発達』岩波書店【知恵39】
カール・ロジャーズ／ジェローム・フライバーグ（二〇〇六）『学習する自由 第三版』畠瀬稔・村田進訳、コスモス・ライブラリー
鯨岡峻（一九九七）『原初的コミュニケーションの諸相』ミネルヴァ書房
倉沢栄吉（一九八九）『倉沢栄吉国語教育全集10 話しことばによる人間形成』角川書店（原典東京都青年国語研究会共編（一九七〇）『国語科 対話の指導』第Ⅰ編・第Ⅱ編 新光閣書店）
桑原隆（一九九六）『言語生活者を育てる』東洋館出版社
斎藤喜博（一九六三）『授業』国土社
佐伯胖／藤田英典／佐藤学編（一九九六）『学び合う共同体』東京大学出版会
ジマーマン・バリー／シャンク・ディル（二〇〇六）『自己調整学習の理論』、塚野州一編訳・中西良文・伊田勝憲・伊藤崇達・中谷素之・犬塚美輪訳、北大路書房

ショーン・ドナルド（二〇〇一）『専門家の知恵』秋田喜代美・佐藤学訳、ゆみる出版
田島信元（二〇〇三）『共同行為としての学習・発達』金子書房
デ・ボーノ・エドワード（二〇〇三）『会議が変わる6つの帽子』川本英明訳、翔泳社
中田基昭（一九九六）『教育の現象学』川島書店
西尾実（一九五七）『国語教育学序説』筑摩書房
波多野誼余夫／稲垣佳世子（一九七三）『知的好奇心』中央公論社【知恵23】
ピカート・マックス（一九六四）『沈黙の世界』佐野利勝訳、みすず書房【知恵40】
藤森裕治（二〇〇七）『バタフライ・マップ法―文学で育てる〈美〉の論理力―』東洋館出版社
藤森裕治（二〇〇九）『国語科授業研究の深層―予測不可能事象と授業システム―』東洋館出版社【知恵54】
藤森裕治（二〇一三）『すぐれた論理は美しい―Bマップ法でひらくことばの学び―』東洋館出版社【知恵9・54・59】
フランクル・V・E（一九五六）『夜と霧』霜山徳爾訳、みすず書房【知恵60】
レイヴ・ジーン／ウェンガー・エティエンヌ（一九九三）『状況に埋め込まれた学習　正統的周辺参加』産業図書【知恵27】
Bandura, A.（edt.）（1997）. *Self-Efficacy in Changing Societies*. UK: Cambridge University Press.
Cazden, Courtney B.（2001）*Classroom Discourse:The Language of Teaching and Learning* (2nd ed). Heinemann【知恵9】

Hart, S., Dixon, A., Drummond, M. J., McIntyre, D. (2004) *Learning without Limits*, UK: Open University Press.

Sanders, Ethel. (edt). *Leading a Creative School*, UK: A David Fulton Book.

Swann, M., Peacock, A., Hart, S., Drummond, M. J., (2012) *Creating Learning without Limits*, UK: Open University Press. 【知恵24・32・34・38・58】

Shulman, L. (2004) *The Wisdom of Practice: Essays on Teaching, Learning, and Learning to Teach*. San Francisco: Jossey-Bass.

Wenger, Etienne. (1998) *Communities of Practice: Learning, Meaning, and Identity*. USA: Cambridge University Press.

Wertsch, J. V. (1993) *Voices of the Mind; A Sociocultural Approach to Mediated Action*. Cambridge: Harvard University Press

Wertsch, J. V. (1998) *Mind As Action*. New York: Oxford University Press 【知恵31】

【著者紹介】
藤森　裕治（ふじもり　ゆうじ）
信州大学教育学部教授
筑波大学卒業，上越教育大学大学院修士課程修了
博士（教育学，2008年，筑波大学）
東京都立高等学校教諭を経て，現職
著書に，『対話的コミュニケーションの指導』（明治図書出版，1995年），『死と豊穣の民俗文化』（吉川弘文館，2000年），『バタフライ・マップ法』（東洋館出版社，2007年），『国語科授業研究の深層』（東洋館出版社，2009年）『すぐれた論理は美しい』（東洋館出版社，2013年）等

授業づくりサポートBOOKS
授業づくりの知恵60

2015年3月初版第1刷刊　©著　者　藤　森　裕　治
2016年4月初版第2刷刊　発行者　藤　原　久　雄
発行所　明治図書出版株式会社
http://www.meijitosho.co.jp
（企画）林　知里　（校正）松井菜津子
〒114-0023　東京都北区滝野川7-46-1
振替00160-5-151318　電話03(5907)6703
ご注文窓口　電話03(5907)6668

＊検印省略　組版所　株式会社アイデスク

005-001

Printed in Japan　ISBN978-4-18-176845-4

明治図書刊

編著 樋口万太郎
子どもの自己肯定感を高めるスマホ時代のネット・ゲーム依存アプローチ
学芸みらい社BOOKS
2,640円

編著 加藤宣行
考え、議論する道徳をつくる新発問パターン大全100
学芸みらい社BOOKS
2,596円

編著 石井英真
図工科授業の基礎基本となる指導スキル100
学芸みらい社BOOKS
2,596円

編著 吉田忠雄
図画工作の授業づくり 絵の指導はこう変わる！
学芸みらい社BOOKS
2,046円

編著 田村学・田中博史・齊藤一弥
学習指導要領のつくり方がわかる本
2,200円

編著 石井英真
学校現場の99のもやもや
学芸みらい社BOOKS
2,266円

編著 大前暁政
中学校授業の指導スキル100
学芸みらい社BOOKS
2,156円

編著 溝川藍
道徳×インクルーシブ授業づくり100
学芸みらい社BOOKS
2,486円

表示価格は全て定価（10％税込）表示です